David Jaffin

Josef und Jesus

Der Leidensweg der Erwählten Gottes

VLM

Verlag der
Liebenzeller Mission
Lahr

*Dank an Frau Heide Pfeiffer für die
Erstellung des Manuskripts
und an meine Frau Rosemarie
für die Bearbeitung*

Die Deutsche Bibliothek – CIP-Einheitsaufnahme

Jaffin, David:
Josef und Jesus : [der Leidensweg der Erwählten Gottes] / David Jaffin –
Lahr : Verl. der Liebenzeller Mission, 1999
(Edition C : C 529)
ISBN 3-88002-676-9

Edition C – Paperback 58 229 (C 529)

Umschlagbild: M. Grünewald, Kreuztragung
Kunstbildarchiv Aline Lenz, Hamburg
Foto: Jochen Remmer
Gesamtherstellung: St.-Johannis-Druckerei, 77922 Lahr
13686/1999

Inhalt

Josefs Träume (1. Mose 37,1-11)

Jakob aber wohnte in dem Lande, in dem sein Vater ein Fremdling gewesen war, im Lande Kanaan.

Die Aussage, daß Israel ein Fremdling im eigenen Land sein wird, gibt es in der Erzählung der Patriarchen immer wieder. So auch bei Josef. Das zieht sich durch die ganze Geschichte, von Abraham an. Und Israel wird später dann ein Fremdling sein unter anderen Völkern, bis es zurückkehren kann am Ende der Tage ins eigene Land.

Und dies ist die Geschichte von Jakobs Geschlecht: Josef war siebzehn Jahre alt und war ein Hirte ...

Dieses Thema »Hirte« ist sehr zentral in der ganzen Bibel, denn fast alle wichtigen, guten Gestalten im Alten Testament waren Hirten. Es geht um das Thema »Hirte und Herde« und führt hin bis zu Jesus Christus, dem Guten Hirten. So war Abel Hirte, Abraham, Jakob/Israel und auch Josef. Ebenso Mose und David.

... und er war ein Hirte bei den Schafen mit seinen Brüdern; er war Gehilfe bei den Söhnen Bilhas und Silpas, der Frauen seines Vaters, und brachte es vor ihren Vater, wenn etwas Schlechtes über sie geredet wurde.

Wir müssen am Anfang deutlich klarstellen: Von allen Gestalten im Alten Testament war Josef *persönlich,* in seinem Benehmen, am nächsten zu Jesus. Nicht in seinem Tun, wie Mose; in seinen Wundern, wie Elia; in seinem Königtum, wie David –, sondern einfach als Person. Aber wir sollen nicht denken, daß Josef wirklich vollkommen war. Zwar ist er vorbildlich, und er wird im Talmud mit Recht als ein Vorbild oder eine Vordeutung des Messias gesehen, der natürlich Jesus Christus ist.

Dieser Josef hat die Eigenschaften der Juden. Er hält das Gesetz; wenn etwas Schlechtes über andere gesagt wird, erzählt er es dem Vater. Aber natürlich hat das eine negative Seite, denn er hat gepetzt.

Wir wollen aber nicht nur die Ähnlichkeit zwischen Josef und Jesus sehen, sondern auch das Thema »Josef und seine Brüder – die zwei Bünde Gottes«. Josef ist hier der Vertreter des Alten Bundes.

Israel (das ist Jakob) aber hatte Josef lieber als alle seine Söhne, weil er der Sohn seines Alters war, ...

In diesem Sinn war Israel viel klüger als sein Vater, Isaak, der Esau lieber gehabt hat als Jakob selbst.

... weil er der Sohn seines Alters war, ...

Auch das ist so typisch! Biblisches Judentum ist kein Gesetzesglaube, nach dem der älteste Sohn der Erbe sein soll. Die zentralsten Gestalten im Alten Testament, ob Josef oder Mose oder David – sie kennen sie alle – es war fast nie der älteste Sohn.

... weil er der Sohn seines Alters war, und machte ihm einen bunten Rock.

Hier ist ein gesamtbiblisches Thema, das zu verstehen ist durch die Bildsprache – hier ein Kleid – als Symbol für das Kleid der Erwählung. Dieses Thema geht zurück zu dem ersten Opfer, das gebracht wurde, und zwar von Gott im Paradies, als er die Menschen mit einem Fell überdeckte, denn die Feigenblätter erwärmten sie nicht. Das ist die erste Vordeutung von Jesu Kreuz; sein Kreuz anstelle von allen Tieropfern. Hier geht es weiter: Kleid als Zeichen der Erwählung. So hat der Prophet und Priester einen Mantel – zum Beispiel Samuel – als Zeichen, daß er für den Herrn gesprochen hat, auch als er im Scheol, im Totenreich war. Dieses Thema erreicht natürlich sein Zentrum am Kreuz, wo vier Heidenknechte das Los werfen um Jesu Gewand (Joh. 19,23.24): Zeichen des endgültigen Erwählten, Jesus, daß diese Erwählung auch an die Heiden in alle vier Himmelsrichtungen gehen wird. Und wenn wir beharren bis ans Ende, werden wir alle Kleider, weiße Kleider bekommen, reingewaschen durch Jesu Kreuzesblut, als Zeichen der Erwählung von ihm.

Als nun seine Brüder sahen, daß ihn ihr Vater lieber hatte als alle seine Brüder, wurden sie ihm feind und konnten ihm kein freundliches Wort sagen.

Sie waren eifersüchtig und neidisch. Das ist sehr menschlich. Und öfters in der Bibel wird gezeigt, daß das, was sehr menschlich ist, nicht gut ist. »... denn das Dichten und Trachten des menschlichen Herzens ist böse von Jugend auf.« (1. Mose 8,21)

Dazu hatte Josef einmal einen Traum und sagte seinen Brüdern davon; da wurden sie ihm noch mehr feind.

Hier sind weitere Eigenschaften der Juden. Die Brüder sind Vordeutung auch auf die Christen, die die Juden verfolgt haben. Aber trotzdem kommt das Heil von den Juden. Jesus als Jude, als Heil für die Heiden, und die Rückkehr der Juden nach schrecklichen Leiden – auch unter Kirchenleuten –, die Rückkehr nach Israel, auf daß Jesus wiederkommen kann.

Aber hier sehen wir noch eine Eigenschaft der Juden, den Traum; das bedeutet, die prophetische Gabe, die deutlich auch eine jüdische Gabe ist. Wir sehen hier Josef als den Inbegriff des Alten Bundes, der Juden. Das Heil kommt eben von den Juden, auch wenn die Juden ständig von den Christen verfolgt werden, von den Brüdern. Bruderhaß ist ein zentrales Thema der ganzen Genesis: Kain und Abel, das zieht sich weiter durch das ganze Buch, Jakob und Esau; Josef und seine Brüder. Es ist ein ständig sich wiederholendes Thema, denn dieses Thema ist eine Vordeutung – mindestens hier und sicherlich auch bei Kain und Abel –, die Vordeutung der Problematik der zwei Bünde Gottes. Denn die Juden haben zuerst die Christen verfolgt – Jesus, Paulus usw. –, aber die Christen haben das fast zweitausend Jahre dann weiter übernommen gegen ihre Brüder, die Juden.

Josef petzt – und nicht nur petzt er, sondern er zeigt, daß er etwas Besonderes ist. Das sind sicherlich auch keine guten Eigenschaften. Und auch wir Juden heute haben dieses Problem: Wir geben gerne an. Wir geben gerne an mit Weisheit, mit Geld usw. Und das führt zu Neid und zu Haß. Josef ist nicht vollkommen. Man sieht seine Schwäche hier in seiner Stärke. Ist das aber nicht immer der Fall bei uns, daß unsere Fehler und unsere Stärke zusammenhängen?

... da wurden sie (die Brüder) ihm noch mehr feind. Denn er sprach zu ihnen: Höret doch, was mir geträumt hat. Siehe, wir

banden Garben auf dem Felde, und meine Garbe richtete sich auf und stand, aber eure Garben stellten sich ringsumher und neigten sich vor meiner Garbe.

Selbstverständlich, wenn die Brüder das hören, werden sie ihn hassen. Welcher ältere Bruder wird gerne von einem Knirps, seinem kleinen Bruder hören, daß er sich verbeugen muß vor diesem?

Da sprachen seine Brüder zu ihm: Willst du unser König werden und über uns herrschen?

Das ist eine sehr natürliche, menschliche Reaktion aus bösem Neid. Doch: Josefs Träume kommen von Gott.

Und sie wurden ihm noch mehr feind um seines Traumes und seiner Worte willen. Und er hatte noch einen zweiten Traum ...

Zwei Träume – später wird bezeugt, diese Doppelung bedeutet: Was absolut wahrhaftig ist, das wird geschehen, das kommt vom Herrn. So ist es zum Beispiel bei einem »Amen! Amen!« am Ende eines Psalms, wie bei Psalm 72. Hier ist eine absolute Betonung; hier ist etwas, das gewiß stattfinden wird.

Und er hatte noch einen zweiten Traum, den erzählte er seinen Brüdern und sprach: Ich habe noch einen Traum gehabt; siehe, die Sonne und der Mond und elf Sterne neigten sich vor mir.

Nochmals ein Traum also, nochmals die prophetische Gabe, nochmals erzählt er das seinen Brüdern, was diese natürlich rasend macht. Und hier steigert es sich: Er wird auch Macht über seinen Vater und seine Mutter haben. Der Mond spiegelt das Licht der Sonne, des Vaters; nach biblischer Vorstellung ist der Vater der Bestimmende, der Mann. Und die elf Sterne sind die Brüder. Und natürlich wird das Ärger verursachen, nicht nur unter seinen Brüdern.

Und als er das seinem Vater und seinen Brüdern erzählte, schalt ihn sein Vater und sprach zu ihm: Was ist das für ein Traum, den du geträumt hast? Soll ich und deine Mutter und deine Brüder kommen und vor dir niederfallen?

Doch Josefs Träume beinhalten hier Gottes Wahrheit. Sie zeigen uns vom Himmel her, was geschehen wird. Zwar wird dieses Thema »Traum« dann fragwürdig gemacht bei Jeremia, der deutlich zeigt: Gott redet zu uns durch Worte, nicht durch Träume; und das bedeutet, Träume können Wunschträume sein. Trotzdem spielt der Traum eine weitere Rolle im Neuen Testament, zum Beispiel die Träume Josefs, Marias Mann. Auch Paulus wird auf seinen Missionsreisen durch einen Traum, »ein Gesicht bei Nacht«, der Weg gezeigt nach Griechenland, nach Europa, weg von Asien. Und dieser Weg führte dann zum christlichen Abendland.

Und seine Brüder wurden neidisch auf ihn. Aber sein Vater behielt diese Worte.

Interessant, wie der Vater reagiert. Er ist zwar sehr verärgert, aber – wohl weil Josef sein Lieblingssohn ist – er »behielt diese Worte«. An was denken wir sofort? An Maria in bezug auf Jesus. Josef und Jesus – der Leidensweg der Erwählten Gottes. Sein Vater behielt diese Worte, denn sie werden zur Wahrheit werden, wie wir heute wissen.

Josef wird nach Ägypten verkauft (1. Mose 37,12-36)

Als nun seine Brüder hingegangen waren, um das Vieh ihres Vaters in Sichem zu weiden, ...

(Wir haben es hier mit einem Heiligtum zu tun – heiliges Geschehen.)

... sprach Israel zu Josef: Hüten nicht deine Brüder das Vieh in Sichem? Komm, ich will dich zu ihnen senden. Er aber sprach: Hier bin ich.

Josef mußte wissen, daß das Gefahr bedeutete für ihn, denn er kannte den Haß der Brüder, er hat ja täglich mit ihnen gelebt. Und hier wird er den Brüdern ausgeliefert, wie Jesus Christus dem Haß der Schriftgelehrten und Pharisäer ausgeliefert war, seinen Brüdern als Israeliten.

Er aber sprach: Hier bin ich.

Das bedeutet hier: Ich bin bereit zu gehorchen. Wie Abraham bereit war, Gott zu gehorchen: »Hier bin ich« – und sogar seinen Sohn Isaak zu opfern. »Hier bin ich.«

Und er sprach: Geh hin und sieh, ob's gut steht um deine Brüder und um das Vieh, und sage mir dann, wie sich's verhält.

Das bedeutet, er kann sich auf Josef verlassen. Josef ist ein guter Zeuge, aber dazu ist er eine Art von Spion. Er soll dem Vater alles berichten, wie er das schon vorher getan hat. Das hat auch mit Petzen zu tun.

Und er sandte ihn aus dem Tal von Hebron, und er kam nach Sichem.

Hier sind heilige Stätten genannt. Hebron, die Stadt der Patriarchen (auch hier ist ein Patriarch dabei), die Stadt von Kaleb und die Stadt, wo David sieben Jahre regierte – und die sehr wichtig ist jetzt am Ende der Tage. Auch Sichem war ein wichtiges Heiligtum.

Da fand ihn ein Mann, wie er umherirrte auf dem Felde; ...

»Meine Väter waren umherirrende Aramäer« – ein uraltes Bekenntnis der Israeliten. Das bedeutet, er findet nicht zum Ziel. So wird dieses Umherirren Israels Weg sein, bis sie nicht mehr Fremdlinge sein werden im eigenen Lande, bis das Land übernommen wird unter Josua.

... der fragte ihn und sprach: Wen suchst du? Er antwortete: Ich suche meine Brüder; sage mir doch, wo sie hüten. Der Mann sprach: Sie sind von dannen gezogen; denn ich hörte, daß sie sagten: Laßt uns nach Dotan gehen. Da zog Josef seinen Brüdern nach und fand sie in Dotan. Als sie ihn nun sahen von ferne, ehe er nahe zu ihnen kam, machten sie einen Anschlag, daß sie ihn töteten, ...

Der Haß der Brüder war so stark, daß es nicht einmal die persönliche Nähe brauchte, sondern sogar aus der Ferne entschieden wurde: Wir wollen ihn töten. Sie haben eine Entscheidung getroffen, die fortan eine weittragende Auswirkung haben wird in der Heilsgeschichte Israels. Sie wollen ihn töten.

... und sprachen untereinander: Seht, der Träumer kommt daher!

Das ist wieder so typisch menschlich. So ist die Bibel zu verstehen, und wir verstehen, wie die Brüder gegen ihn sind: Er ist der Träumer, er glaubt, er sei wichtiger als wir, dieser kleine Knirps – er will über seine Brüder herrschen, und nicht nur die sollen sich vor ihm verneigen, sondern auch sein Vater und seine Mutter.

So kommt nun und laßt uns ihn töten und in eine Grube werfen ...

Dieses Bild hat Hitler übernommen. Die ersten Erschießungen, die erste Tötung der Juden im Osten – vor den Gaswagen und Gaskammern – geschah in Gruben. Und ich habe inzwischen sogar Bilder gesehen vom Ort meiner Vorväter, Mogiliev bei Vilna, wo Juden da in Gruben erschossen wurden; sie bestätigen jenes grausame Geschehen.

... und sagen, ein böses Tier habe ihn gefressen; so wird man sehen, was seine Träume sind.

»... ein böses Tier habe ihn gefressen«, »... in eine Grube werfen« – wir denken sofort an Daniel, der in die Grube geworfen und nicht gefressen wurde von bösen Tieren. Das ist ein gesamtbiblisches und nachbiblisches Geschehen.

»So wird man sehen, was seine Träume sind.« Das bedeutet: Träume sind nicht Wirklichkeit, wir aber leben auf dem Boden der Wirklichkeit. Doch Gottes Verheißungen sind Wirklichkeit! Und er zeigt uns diese Verheißungen hier durch Träume. Und diese Träume überbieten und übertreffen alles, was wir für wirklich halten. Das sehen wir durch die ganze Geschichte Josefs, und das sollen wir auch persönlich sehen. Gott hat einen heilsgeschichtlichen Weg mit uns, und das ist wichtiger als alles, was weltliches, menschliches Denken uns sagt.

Als das Ruben hörte ...

Die zentralen Gestalten im Josefsgeschehen – natürlich außer Josef und dazu am Rande Benjamin – sind die Brüder Ruben und Juda. Ruben als der Älteste und als solcher im Grunde genommen der Erwählte (aber Josef ist der wirklich Erwählte), er steht zu Josef. Das sehen wir. Und Juda, der gegen Josef steht, muß später einstehen für Benjamin, muß gutmachen, was er übelgetan hat. So sehen wir, wie die Verheißung über Juda zu Jesus Christus geht.

Als das Ruben hörte, wollte er ihn aus ihren Händen erretten und sprach: Laßt uns ihn nicht töten!

Ruben hat Mut! Er spricht gegen die Massen, und die Massen sind aufgehetzt. Wie viele haben das getan im Dritten Reich? Sehr wenige! Hier ist nur einer, der das tut, Ruben. Aber einer kann eine sehr wichtige Auswirkung in der Geschichte haben, auch in Gottes Geschichte.

Und weiter sprach Ruben zu ihnen: Vergießt nicht Blut, sondern werft ihn in die Grube hier in der Wüste und legt die Hand nicht an ihn!

»... in die Grube« – er hofft, daß er nicht sterben wird in dieser Grube. Anscheinend hat er gewußt, daß kein Wasser in jener Grube war; er wollte ihn schützen und retten.

Er wollte ihn aber aus ihrer Hand erretten und ihn seinem Vater wiederbringen.

Er hat gewußt, wie wichtig er für den Vater ist. Es geht nicht vor allem nur um Josef, sondern um die Liebe zum Vater, denn der Vater hat Josef besonders lieb. Ruben hat gewußt, was für eine Auswirkung das auf seinen lieben Vater haben würde – er war ein guter Sohn.

Als nun Josef zu seinen Brüdern kam, zogen sie ihm seinen Rock aus, den bunten Rock, den er anhatte, ...

Und was taten sie mit Jesus? Sie zogen ihm andere Kleider an und stellten ihn dar als den König der Juden – mokierend –, aber in Wirklichkeit ist er das.

Der Rock ist das Zeichen der Erwählung. Und so warfen die vier Heidenknechte auch das Los um Jesu Gewand.

... und nahmen ihn und warfen ihn in die Grube; aber die Grube war leer und kein Wasser darin.

Nochmals der Bezug zu Daniel: In eine Grube, wo die fressenden Tiere sind – sie werden sagen, daß ein böses Tier Josef umgebracht hat –, wo die Löwen Daniel nichts getan haben.
Dieses Bild wurde leider zur erschütternden Wirklichkeit in den Gruben im Osten 1941/42 mit der SS und den Juden.

Und sie setzten sich nieder, um zu essen.

Sehen Sie den Haß? Der Haß ist so stark, daß sie, während ihr Bruder gequält wird, essen und tun, was sie wollen. Das bedeutet eine Art Vergeltung gegen Josef. Josef, in den Träumen, die er seinen Brüdern erzählt hat, weil er wahrhaftig ist und auch weil er angibt, stellte sich über seine Brüder. Und jetzt stellen sie sich über ihn. Er ist unten in der Grube, und sie essen und tun was sie wollen.

Indessen hoben sie ihre Augen auf ...

Sie hoben ihre Augen auf. »Ich hebe meine Augen auf zu den Bergen ...« Das Aufheben der Augen – hier sind Gottes Wege.

... und sahen eine Karawane von Ismaelitern ...

Ismael, der Wanderer.

... kommen von Gilead mit ihren Kamelen; die trugen kostbares Harz, Balsam und Myrrhe und zogen hinab nach Ägypten.

Jetzt kommt das Thema Ägypten! Ägypten, Ort von Heil und Rettung. Das wird hier der Fall sein, zum Beispiel auch bei Jeremia, auch bei Jesus, als seine Eltern mit ihm von Bethlehem flohen. Dann wird Ägypten Land der Unterdrückung, das liegt noch in der Zukunft; und dann gibt es diese heilsgeschichtlichen Wege, Jesaja 19, was öfters so falsch ausgelegt wird, über eine Friedensstraße, die von Israel über Ägypten geht, über Syrien oder Assyrien. Das ist der Heilsweg Jesu. Unser Friede, Jesus, wird in Israel geboren, er geht nach Ägypten – als Zeichenhandlung, auch dafür, daß das Heil auch an die Heiden geht, das ist ein großes Volk der Heiden. Und dieser heilsgeschichtliche Weg des Friedens Gottes, sein Schalom, sein Ans-Ziel-Kommen erreichte hier die letzte Station in der Bekehrung des Saulus/Paulus vor Damaskus, wo der große Heidenmissionar zum Glauben kommt und wo die erste heidenchristliche Gemeinde in Antiochien, auch Syrien oder Assyrien ist. Das ist diese Friedensstraße von Jesaja 19. Wir haben so eine dreifache Aussage über Ägypten in der Bibel:

- Land der Zuflucht (vor allem bei Jesus);
- Land der Unterdrückung (vor allem »einer kam, der Josef nicht mehr kannte«, und er unterdrückte die Israeliten);
- und auch diese Friedensstraße, Jesaja 19, welche mit Jesus zu tun hat.

Da sprach Juda zu seinen Brüdern: ...

Juda ist der zweite, der eine sehr wichtige Rolle hier spielt, Juda und Ruben.

... Was hilft's uns, daß wir unsern Bruder töten und sein Blut verbergen?

Er denkt hier total eigennützig. Ruben vielleicht auch ein bißchen, denn er dachte wohl nicht so sehr an Josefs, sondern an seines Vaters Gefühle. Juda denkt hier: Was nützt es uns, Josef einfach umzubringen? Wir könnten etwas dafür bekommen, das wäre dann sinnvoll für uns.

Kommt, laßt uns ihn den Ismaelitern verkaufen, ...

Wir geben ihn weg für Geld, und dann haben wir einen Nutzen davon.

... damit sich unsere Hände nicht an ihm vergreifen; ...

Als ob das nicht Sünde ist! »Du sollst nicht stehlen«, das hat auch mit Menschenraub zu tun. Es ist sicherlich nicht dasselbe wie töten, aber in dieser Hinsicht vielleicht noch schlimmer, denn es geht um Eigennutz. Sicher, das Töten ist Eigennutz, weil dann dieser Petzer und Träumer – wie sie ihn nennen – nicht mehr dabei wäre. Aber hier gibt es einen doppelten Eigennutz. Und gerade dieses Geld wird natürlich eine zentrale Rolle spielen, denn Josef vergilt ihnen, indem er das Geld oben in ihren Sack legt (das sie ihm später zurückbringen), um sie zu testen, aber auch als Zeichen der Vergeltung: Ihr habt mich für Geld ausgeliefert.

... damit sich unsere Hände nicht an ihm vergreifen, denn er ist unser Bruder, unser Fleisch und Blut.

»Unser Fleisch und Blut« – sie scheuen sich nicht, Sklavenhandel zu betreiben, sich zu bereichern durch eigenes Fleisch und Blut. Und wir Christen sind eingefügt in den Ölbaum Israel (Römer 11). Und was haben wir getan an den ursprünglichen Zweigen, an Israel? Wie sind wir gegen unseren Bruder vorgegangen? Wie es die Juden zuerst gegen uns Christen getan haben. Motiv Bruderhaß, das zentrale Thema von Genesis, dem ersten Buch in der Bibel. Und das hat vor allem mit dem Thema der zwei Bünde zu tun, wie hier Josef und seine Brüder: Josef, die Juden – die Brüder, die Christen, die wegen der Erwählung Israels immer wieder Haß gegen dieses Volk gehabt haben.

Und sie gehorchten ihm. Als aber die midianitischen Kaufleute vorüberkamen, zogen sie ihn heraus aus der Grube ...

... und verkauften ihn um zwanzig Silberstücke ...

Und Jesus wurde verraten um dreißig Silberstücke – der Verkauf des Erwählten Gottes.

... den Ismaelitern; die brachten ihn nach Ägypten. Als nun Ruben wieder zur Grube kam und Josef nicht darin fand, zerriß er sein Kleid ...

Er glaubte, Josef sei tot. Er zerriß sein Kleid – interessant, sie werden Josefs Kleid so zerreißen, mit Blut befleckt. Ruben zerriß sein Kleid als Zeichen des Entsetzens. Ein Thema, das sich durch die ganze Bibel zieht. Ein Jude reißt nicht bis ins Blut hinein, denn das Blut, das Leben gehört Gott, sondern wenn er entsetzt ist, zerreißt er sein Kleid. Aber »Kleid« hat hier eine zentrale Rolle in bezug auf Josef und dann Jesus, als Kleid der Erwählung.

... und kam wieder zu seinen Brüdern und sprach: Der Knabe ist nicht da! ***Wo soll ich hin?*** *Da nahmen sie Josefs Rock und schlachteten einen Ziegenbock und tauchten den Rock ins Blut ...*

Und so steht es in 1. Mose 49, in Jakobs Segen, daß der Messias mit einem weinbeschmierten Kleid mit zwei Eseln kommen wird. Das ist der Held für die Heiden. Und diese Verheißung geht gerade an diesen Juda, der Josef verkauft und das dann wiedergutmachen wird in bezug auf Benjamin.

Hier sehen wir den Weg zu Jesus Christus: ein Ziegenbock, ein Opfertier, sie tauchen den Rock ins Blut; das Kleid der Erwählung ist blutbeschmiert. Jesu Kleid der Erwählung, sein erlösendes Blut, ist hier vorgedeutet, wie in 1. Mose 49, auch in Jesaja 9 (ein Text, der viel zu wenig beachtet wird, der nicht fett und schräg gedruckt ist) – hier wird über ein blutbeschmiertes Kleid gesprochen, das dem Feuer übergeben wird. Gemeint ist das Kleid Jesu, seine Erwählung, sein Kreuzeskleid – dem Feuer des Gerichtes übergeben, damit wir Frieden mit dem Vater hätten.

... und schickten den bunten Rock hin und ließen ihn ihrem Vater bringen und sagen: Diesen haben wir gefunden; sieh, ob's deines Sohnes Rock sei oder nicht.

Das ist genau die Art von Betrug, die Jakob gegen Isaak begangen hat, um das Erstgeburtsrecht zu bekommen. Genau diesen gleichen Betrug machen sie gegen Jakob – nochmals Vergeltung!

Er erkannte ihn aber und sprach: Es ist meines Sohnes Rock; ein böses Tier hat ihn gefressen, ein reißendes Tier hat Josef zerrissen!

Und wer sind diese reißenden Tiergestalten? Das sind seine Brüder, diese reißenden Tiergestalten, in ihrem Haß gegen Josef. Wie Jesus, in Psalm 22, nur Tierbilder benutzt, um uns zu bezeichnen in unserem Haß gegen ihn.

Und Jakob zerriß seine Kleider und legte ein härenes Tuch um seine Lenden und trug Leid um seinen Sohn lange Zeit.

Das ist genau das, wovor Ruben Angst hatte: die Auswirkung auf seinen Vater.

Und alle seine Söhne und Töchter kamen zu ihm, ihn zu trösten; aber er wollte sich nicht trösten lassen ...

Wie sollen sie ihn trösten, sie, die gelogen haben, sie, die seinen Lieblingssohn weggenommen haben? Das war kein Tier, sondern sie waren diese tierischen Gestalten.

... und sprach: Ich werde mit Leid hinunterfahren zu den Toten, zu meinem Sohn. Und sein Vater beweinte ihn.

Aber die Midianiter verkauften ihn in Ägypten an Potifar, des Pharao Kämmerer und Obersten der Leibwache.

Josef in Potifars Haus (1. Mose 39,1-18)

Josef wurde hinab nach Ägypten geführt, und Potifar, ein ägyptischer Mann, des Pharao Kämmerer und Oberster der Leibwache, kaufte ihn von den Ismaelitern, die ihn hinabgebracht hatten.

Bedeutsam hier, daß er in das Haus eines sehr wichtigen und zentralen Mannes kommt.

Und der Herr war mit Josef ...

Das ist das einzig Wichtige. Josef ist der Gesegnete. Er wird seine Familie, sein Haus und Geschlecht Israel erretten. Der Herr ist mit ihm, weil er der Gesegnete ist; auch bleibt Josef, trotz seiner kleinen Schwäche, ein vorbildlicher Mensch. So steht es im Talmud, und so sollen wir das auch sehen. Josef und Jesus, die Leidenswege der Erwählten Gottes.

... so daß er ein Mann wurde, dem alles glückte.

Das ist heute so nicht mehr der Fall. Bei den Patriarchen war das sicherlich so, daß den Erwählten Gottes alles glückte. Sie wurden gesegnet mit viel Hab und Gut, mit hohem Alter usw. Aber hier bei Josef mischt sich auch etwas ganz anderes darunter, und das ist schreckliches Leiden, schreckliches Unrecht, das diesem Mann angetan wird. Und das zeigt natürlich die Wege meines Volkes, wieviel Unrecht wir erlitten haben, öfters durch einen Lügengeist, wie das auch im Dritten Reich war. Aber nicht nur da.

Und er war in seines Herrn, des Ägypters Hause. Und sein Herr sah, daß der Herr mit ihm war; ...

Potifar war klug und ahnte: Es geht um Gottes auserwähltes Volk, und dazu sollen wir uns positiv stellen. »Wer dich segnet, den werde ich segnen; wer dich verflucht, den werde ich verfluchen.« So spricht der Herr in bezug auf die Reaktion auf sein erstgeliebtes Volk. Dies ist eine Wahrheit, die sich durch die ganze Geschichte Israels zieht. Aber das hat natürlich auch mit uns Christen zu tun. Wer uns segnet, wird von dem Herrn gesegnet; und wer uns verflucht, wird von dem Herrn verflucht.

... denn alles, was er tat, das ließ der Herr in seiner Hand glücken, so daß er Gnade fand vor seinem Herrn und sein Diener wurde.

Josef fand Gnade vor Gott, und weil er Gnade vor Gott gefunden hat, hat er auch Gnade gefunden vor diesem Kämmerer, diesem Obersten der Leibwache, Potifar.

Der setzte ihn über sein Haus; und alles, was er hatte, tat er unter seine Hände.

Das ist eine Geschichte, die sich wiederholt bei Josef: Erst über Potifars Haus, dann wird er über die Gefangenen gesetzt. Genau die gleiche Geschichte, denn man merkte, daß der Herr mit ihm war, daß alles, was er tat, glückte. Später wird er sogar über ganz Ägypten gestellt als der zweite Mann, nochmals eingesetzt von dem Machthaber, und zwar vom obersten Machthaber, dem Pharao. Und dann wird Josef auch gesetzt über sein ganzes Haus und Geschlecht Israel, so daß jene Träume Wirklichkeit werden, daß die Garben, seine Brüder, sich vor ihm beugen werden; daß Sonne, Mond und die elf Sterne sich auch vor ihm beugen werden: sein Vater, seine Mutter und seine Brüder.

Viermal wiederholt sich das:
Josef wird gesetzt über das Haus Potifar,
dann über die Gefangenen,
dann über das ganze Land Ägypten
und schließlich (zeichenhaft) über die Heilsgeschichte.

Und wie steht es mit Jesus? War da nicht die Leibwache, waren es nicht die Soldaten, als er gestorben ist und dann auferstanden, die dann erschreckt waren, weil Jesus die Macht hat, auch über sie, die Macht über den Tod und die Macht über die Mächte und Kräfte dieser Welt? Und Jesus war – wie viele in der Bibel – auch Gefangener, gefangen unter dem Gesetz, gefangen auch unter dem römischen Gesetz. Natürlich ist das in Jesus zentral, weil er Gott ist. Und er sprengt diese Gefangenschaft, in der wir alle leben, das ist auch die Gefangenschaft der Schuld, mit seinem Kreuzestod und seiner Auferstehung. Und Jesus steht als Mächtiger nicht nur über Ägypten, wie Josef über das Haus des Pharao, sondern Jesus steht über der ganzen heidnischen Welt. Das bedeutet, wie es in der messianischen Verheißung steht, daß er die Macht haben wird über die ganze heidnische Welt. Und dazu ist er als König der Juden gestorben, und er wird einst von Israel anerkannt als der, den sie durchstochen, durchbohrt, gekreuzigt haben. Der Geist der Gnade und des Gebets wird dann am Ende der Tage ausgegossen über das ganze Volk Israel (Sacharja 12, 10).

So ist hier ein sehr zentrales Thema: Der Erwählte findet Gnade, es wird gesehen, daß der Herr mit ihm war und ist, und er wird gesetzt über alles Hab und Gut. Und so verneint auch Jesus – als er versucht wird von Satan – eine Scheinherrschaft unter der Herrschaft Satans und lebt ganz unter der Gnade Gottes.

Der setzte ihn über sein Haus; und alles, was er hatte, tat er unter seine Hände.

Alles Hab und Gut dieser Welt gehört Jesus Christus. Dies ist in dieser vierfachen Entwicklung bei Josef vorgedeutet.

Und von der Zeit an, da er ihn über sein Haus und alle seine Güter gesetzt hatte, segnete der Herr des Ägypters Haus um Josefs willen ...

»Wer dich segnet, den werde ich segnen; wer dich verflucht, den werde ich verfluchen.« Und so liegt der zentrale Segen in Jesus Christus, dem Gekreuzigten – seine ausgebreiteten Hände als Segen über die ganze Welt, als Angebot der Vergebung von Schuld und Sünde. Und dieses Bild, das Bild des Segnens, hat viele Vordeutungen, nicht nur hier bei Josef, sondern auch bei Mose und den Amalekitern. Wenn Mose die Hände erhebt zum Segen, gewinnt Israel – da ist ihre Macht durch des Herrn Gnade; und wenn die Hände sinken und der Segen nicht mehr da ist, verliert Israel. Deswegen wurden die Hände Moses gestützt, denn er war alt und schwach.

Und so geht es weiter bei Simson, als er stirbt. Er stirbt mit ausgestreckten Händen, damit das Haus einstürzt, in dem 3 000 Philister waren; er stirbt, indem er die Feinde Israels tötet, 3 000fach – eine Vordeutung auf Pfingsten, wo 3 000 (positiv) zum Glauben kommen, hier werden (negativ) die Feinde zerstört mit diesen segnenden Händen. Simson opfert sich mit und für sein Volk, wie Jesus Christus nach ihm. Und niemand hat Jesu Hände gestützt am Kreuz. Segen – dieses Thema finden wir in der gesamten Bibel.

... und es war lauter Segen des Herrn in allem, was er hatte, zu Hause und auf dem Felde.

Umfassender Segen, innen und außen.

Darum ließ er alles unter Josefs Händen, was er hatte, und kümmerte sich, da er ihn hatte, um nichts außer um das, was er aß und trank.

Das klingt ein bißchen wie bei dem reichen Kornbauern, der sich später um gar nichts kümmern wollte. Er wird essen und trinken, er hat seine Scheune – und Gott sagt: Du Narr, heute wird deine Seele von dir verlangt. Wir sehen an dieser kleinen Aussage »... um nichts außer um das, was er aß und trank« Potifars Unfähigkeit am Schluß, zur Wahrheit vorzudringen, zu sehen, daß seine Frau schuldig ist und nicht Josef.

Und Josef war schön an Gestalt und hübsch von Angesicht.

Das ist sicherlich eine Gabe – Schönheit. Aber Schönheit kann eine Gefahr sein. Das sehen wir bei Josef und Potifars Frau. Er kommt wegen seiner Schönheit in Not. Wir sehen das auch bei Abraham und der schönen Sara; wegen ihrer Schönheit stürzt Abraham durch sein Benehmen ihr gegenüber in tiefste Schuld. Menschen, die schön und hübsch sind – vor allem Frauen, aber auch Männer – sollen sich dessen bewußt sein, daß diese Gabe alle möglichen Gefahren in sich birgt. Die Gefahr der Eitelkeit zum Beispiel. Eine Frau hat mir gesagt: »Die schönsten Männer sind meistens die oberflächlichsten.« Ob das so ist, kann ich nicht beurteilen. Alle Gaben bergen Gefahren in sich, aber können auch positiv genutzt werden.

Und es begab sich danach, daß seines Herrn Frau ihre Augen auf Josef warf und sprach: Lege dich zu mir!

Sie will Ehebruch mit ihm begehen. Und zwar ist hier eine doppelte Versuchung: nicht nur die Versuchung jener Frau, sondern auch die Versuchung der Macht, denn Josef hat Macht über alles. Die Grenze liegt nur bei dem Herrn und seiner Frau. Und wenn er mit ihr schläft, dann ist er noch höher gestiegen in weltlichem Sinn – und hinuntergefallen nach den Geboten Gottes, die noch nicht gegeben waren. Aber diese Kenntnis von Gerechtigkeit ist noch vorhanden: Er könnte Ehebruch begehen. Er weigert sich aber. Josef tut das gegen die fleischlichen Lüste, aber auch wegen seiner Verantwortung für Potifar und vor allem wegen seiner Verantwortung gegenüber Gott.

Das sollten wir alle wissen, wenn wir in Versuchung kommen, daß es letzten Endes um unsere Verantwortung Gott gegenüber geht, nicht nur um uns selbst und unser Gegenüber.

Als David Ehebruch und Mord begangen hat, ist seine größte Schuld Gott gegenüber. Er sagt: An dir allein bin ich schuldig geworden. Sicherlich hat er eine tiefe Schuld gegen Batseba, die auch mitschuldig ist; eine tiefe Schuld auch gegen sich selbst, aber vor allem gegen Gottes Ordnung, gegen Gottes Gebote.

Er weigerte sich aber und sprach zu ihr: Siehe, mein Herr kümmert sich, da er mich hat, um nichts, was im Hause ist, und alles, was er hat, das hat er unter meine Hände getan; er ist in diesem Hause nicht größer als ich, und er hat mir nichts vorenthalten außer dir, weil du seine Frau bist.

Das ist die richtige Antwort: Es wäre nicht richtig gegenüber Potifar, der so gnädig zu mir ist.

Wie sollte ich denn nun ein solch großes Übel tun und gegen Gott sündigen?

Und da geht er natürlich in die Tiefe gegenüber Gottes Geboten, die noch nicht gegeben sind. Aber die Erkenntnis von Recht und Unrecht ist vorhanden in Israel, auch bei Josef.

Und sie bedrängte Josef ...

Sie wird ihrer eigenen Triebe nicht Herr.

Und sie bedrängte Josef mit solchen Worten täglich.

Das ist eine sehr schwere Versuchung, denn er lebt im selben Hause mit ihr. Ich nehme an, daß diese Frau eines sehr angesehenen Mannes eine sehr schöne Frau war, und sie versuchte ständig, Josef zum Ehebruch zu verführen. Das ist nicht einfach für einen Mann, in dieser Weise unter Druck gesetzt zu werden.

Aber er gehorchte ihr nicht, ...

Weil er Gott gehorchte!

... daß er sich zu ihr legte und bei ihr wäre.

Wir sehen, wie andere – der große David zum Beispiel – solcher Versuchung nicht widerstanden haben. Wir sehen aber auch, wie Jesus Christus sogar ohne Haß und ohne Begierde lebte, als die endgültige Erfüllung dessen, was Josef hier fleischlich erfüllt hat. Jesus und Josef, Josef und Jesus – der Leidensweg Josefs ist Vor-Bild auf den Leidensweg des einen Gerechten.

Es begab sich eines Tages, daß Josef in das Haus ging, seine Arbeit zu tun, und kein Mensch vom Gesinde des Hauses war dabei.

Es gibt also keinen Zeugen. Alles könnte im geheimen geschehen. Josef könnte machen, was er wollte – nur einer würde es sehen, und das ist Gott. Vergessen wir das niemals in unserem Leben: »Der Herr schläft und schlummert nicht.«

Und sie erwischte ihn bei seinem Kleid ...

»Kleid« – sie will das Kleid natürlich weghaben, sie will Geschlechtsverkehr mit ihm haben, aber Kleid – Erwählung. Sie erwischte ihn bei seinem Kleid, und dieses Kleid ist wie das Kleid der Erwählung, das er von seinem Vater bekommt, das dann mit Blut beschmiert war, als ob reißende Tiere ihn umgebracht hätten. Das Kleid der Erwählung ist immer wieder das Kleid der Verhängnisse. Der Satan, die Gegner Gottes gehen gegen die Erwählten, und Zeichen für diese Erwählung ist das Kleid. So zieht sich das durch die ganze Bibel. Der Kampf gegen die Erwählten, der Leidensweg der Erwählten Gottes, wie bei Josef und Jesus – und das geht weiter in bezug auf die Juden und ihre schreckliche Leidensgeschichte wegen ihrer Erwählung. Und auch in bezug auf uns Christen, denn wir gehören auch zu dieser Erwählung.

Und sie erwischte ihn bei seinem Kleid und sprach: Lege dich zu mir! Aber er ließ das Kleid in ihrer Hand und floh und lief zum Hause hinaus.

Er rettet sich, aber das Kleid bleibt zurück, als Beweis. Josefs Kleid als Beweis seines Todes – scheinbaren Todes – in bezug auf das, was seine Brüder ihm angetan haben, dieses blutbeschmierte

Kleid (Vordeutung natürlich auf Jesus), das Jakob dann sieht. Und jetzt ist dieses Kleid wieder ein Beweis, das Kleid der Erwählung, denn *sie*, die Feindin, hat es, wie seine Brüder vorher es hatten.

Als sie nun sah, daß er sein Kleid in ihrer Hand ließ und hinaus entfloh, rief sie das Gesinde ihres Hauses und sprach zu ihnen: Seht, er hat uns den hebräischen Mann hergebracht, daß er seinen Mutwillen mit uns treibe.

Was für ein Lügengeist ist hier vorhanden! Denn sie will ihn vergewaltigen und nicht umgekehrt. Er wehrt sich dagegen aus Pflicht zu Potifar und aus Pflicht vor allem Gott gegenüber. Wie oft ist der Lügengeist entbrannt gegen uns Juden. Wir denken an Julius Streicher und sein schreckliches Hetzblatt »Der Stürmer«. Und wir denken daran, wie durch Jahrhunderte und Jahrtausende dieses Bild über die Juden besteht, die geldgierigen Juden, die Juden, die den Deutschen nur die Frauen wegnehmen wollen usw., usw.

Er kam zu mir herein und wollte sich zu mir legen; aber ich rief mit lauter Stimme. Und als er hörte, daß ich ein Geschrei machte und rief, da ließ er sein Kleid bei mir und floh und lief hinaus.

Dieser ungeheuerliche Lügengeist! Aber der Lügengeist steht gegen Josef. Er stand gegen ihn bei seinen Brüdern, in dem was sie ihm angetan haben.

Und wie war das bei Jesus? Sie haben Zeugen gebracht gegen Jesus, Lügenzeugen. Aber dieser Lügengeist – anders als bei Josef – brachte ihn nicht zu Fall. Man machte ihn nicht fertig durch Lügen, sondern Jesus wird fertiggemacht durch die Wahrheit, die Wahrheit, die er selbst sagt. Wenn er sagt, daß der Tempel zerstört wird und er ihn in drei Tagen wieder aufbaut. Jesus starb wegen der Wahrheit, wegen seinem Selbstzeugnis.

Und sie legte sein Kleid neben sich, bis sein Herr heimkam, ...

Genau das gleiche Bild sehen wir hier, wie bei den Brüdern mit dem blutbeschmierten Kleid, das sie mit Blut eines Ziegenbocks (Opferblut) getränkt haben und zu dem Vater brachten als Beweis, daß Josef anscheinend von wilden Tieren zerrissen war. Hier liegt das Kleid da als Beweis. Und dieses Kleid ist ein Beweis, ein Zeichen Gottes für die Erwählung und das Erwähltsein des Josef. Und wieder sehen wir Jesus, den Gekreuzigten, und sein blutbeschmiertes Kleid als Zeichen der Erwählung. Die Welt ist gegen die Erwählten Gottes, ob das die Juden sind – hier vertreten durch Josef –, oder ob das Jesus ist, der endgültige Verheißungsträger, König der Juden und der Heiden Heiland. Die Welt ist gegen die Erwählten Gottes, und sie benutzt jedes Mittel, auch den Lügengeist. Aber sie werden nicht mit den Erwählten Gottes fertig werden!

... und sagte zu ihm ebendieselben Worte und sprach: Der hebräische Knecht, den du uns hergebracht hast, ...

»... den *du* uns hergebracht hast ...«, du bist schuldig daran! Immer wieder diese Art von Adam und Eva. Sie ist die Lügnerin, sie ist es, die Josef verführen wollte, und jetzt schiebt sie die Schuld auf ihren Mann – der Eva-Geist, Adam-Geist, das Weib, das Du (Gott) zu mir gestellt hast.

... kam zu mir herein und wollte seinen Mutwillen mit mir treiben. Als ich aber ein Geschrei machte und rief, da ließ er sein Kleid bei mir und floh hinaus.

Josef im Gefängnis (1. Mose 39,19-23)

Das ist ein Ehrenort durch die ganze Bibel, von Josef bis hin zu Petrus und Paulus – das Gefängnis. Die Welt steht gegen uns. Und dieses Gefängnis ist sinnbildlich: Wir leben alle in Gefangenschaft unserer Begierde (wie Potifars Frau), unserer falschen Gedanken, unserer falschen Wege, leben auf unserem Weg weg von Gott – in Sünde. Das ist die Gefangenschaft, in der wir leben. Und diese Gefangenschaft ist gesprengt worden, zerstört worden durch Jesus Christus. Aus Liebe will er jeden von uns aus der Gefangenschaft herausbringen zur Freiheit. Diese zentrale Themen – die spätere Gefangenschaft Israels in Ägypten, die Befreiung, das Passa, Jom Kippur, die Befreiung von Schuld und Sünde – das ist alles in Jesus Christus erfüllt. Aber das setzt eine Gefangenschaft voraus. Und wir wissen um die wunderbare Befreiung aus dem Gefängnis, wie sie die Apostelgeschichte berichtet. Das gehört auch dazu. Und das ist auch ein Ehrenort in der antichristlichen Zeit, die auf uns zukommt. Die Gläubigen wurden und werden verfolgt, sie werden gefangengenommen, weil die Welt selbst ein Gefängnis ist, weil die Welt selbst gefangen ist in ihrer falschen Art, gegen Gott zu leben. Und diese Welt ist auch in uns. Doch dieses Gefängnis ist zerstört durch Jesu Kreuz und Auferstehung; und durch den Weg der Vergebung von Schuld und Sünde erleben wir Befreiung.

Als sein Herr die Worte seiner Frau hörte, die sie ihm sagte und sprach: So hat dein Knecht an mir getan, wurde er sehr zornig.

Adam und Eva – nicht wahr? Eva fängt an, sie gibt das Obst Adam. Und hier: Potifars Frau lügt, und das geht weiter an ihren Mann. Ohne zu hinterfragen – wie hampelmännlich sind wir Männer in diesen beiden Geschichten. Und nicht nur hier.

Da nahm ihn sein Herr und legte ihn ins Gefängnis, ...

Ohne zu prüfen! Er verläßt sich selbstverständlich auf das Wort seiner Frau, weil sie seine Frau ist.

... in dem des Königs Gefangene waren.

Und das ist wesentlich, daß er in ein zentrales Gefängnis kommt, denn von dort wird der Weg zum König geebnet. Und so geht es auch mit Paulus, daß er verkündigen konnte. Das Gefängnis wird selbst zu einem Zeugnis werden, denn aus diesem Ort wird die Befreiung kommen, und Gottes heilsgeschichtliche Wege werden dort weitergeführt für seine Erwählten.

Und er lag allda im Gefängnis. Aber der Herr war mit ihm ...

Immer wieder diese Aussage: Der Herr war mit ihm. Der Herr war mit ihm, nicht nur als es ihm gut ging, sondern der Herr ist mit ihm im Leiden. Das sollen wir auch nicht vergessen, und nicht ständig beten: »Rette mich aus jedem Leiden, rette mich aus der Not.« »Wenn du nur genug glaubst, dann wirst du gesund« und so ähnlich; das hat mit Evangelium nicht im geringsten zu tun. »Wer mir nachfolgen will, der verleugne sich selbst, nehme sein Kreuz auf sich und folge mir nach.« Das ist der Weg, der Leidensweg der Erwählten Gottes, Josefs Weg hier und dann natürlich in tiefster Erfüllung der Weg Jesu Christi.

... aber der Herr war mit ihm und neigte die Herzen zu ihm und ließ ihn Gnade finden vor dem Amtmann über das Gefängnis, ...

Dieses von Gott gewirkte Neigen – »er neigte sie zu ihm«, herunter, wie bei den Garben, den Brüdern Josefs, sie neigten sich zu ihm. Aber hier neigen die Herzen sich nicht in Ohnmacht, sondern in Mitgefühl, in Barmherzigkeit. Ein wunderschönes Bild.

... so daß er ihm alle Gefangenen im Gefängnis unter seine Hand gab ...

Der zweite Schritt – zuerst über das Haus Potifars, jetzt über dieses Gefängnis. Jetzt wird er Herr über das Gefängnis sein. So wird Jesus der Herr über die Gefangenen sein, denn wir sind alle gefangen in Schuld und Sünde, der Leidensweg der Erwählten Gottes.

... und alles, was dort geschah, durch ihn geschehen mußte. Der Amtmann über das Gefängnis kümmerte sich um nichts; ...

Genau wie Potifar!

... denn der Herr war mit Josef, und was er tat, dazu gab der Herr Glück.

Josef legt zwei Gefangenen ihre Träume aus (1. Mose 40,1-23)

Und es begab sich danach, daß sich der Mundschenk des Königs von Ägypten und der Bäcker versündigten an ihrem Herrn, dem König von Ägypten. Und der Pharao wurde zornig über seine beiden Kämmerer, gegen den Obersten über die Schenken und gegen den Obersten über die Bäcker, und ließ sie setzen in des Amtmanns Haus ins Gefängnis, wo Josef gefangen lag.

Hier sehen wir, wie Gottes Plan öfters geht, nicht schnurgerade, wie wir das haben wollen, sondern es kann lange dauern, bis etwas ans Ziel kommt. Hier dauert es sogar zwei Jahre, bis die Deutungen dann sinnvoll geworden sind in Gottes Heilsplan. Er sieht das alles im voraus, die ganze Geschichte liegt vor ihm offen. Gott will, daß wir nicht denken, *wir* herrschten über seinen Heilsplan. Das ist auch ein Grund, warum er durch Irrungen und Wirrungen mit uns geht, bis wir ans Ziel kommen. Hier sehen wir Gottes Wege, die nicht unsere Wege sind. »So viel der Himmel höher ist als die Erde, so sind auch meine Wege höher als eure Wege und meine Gedanken als eure Gedanken.«

Und der Amtmann gab ihnen Josef bei, daß er ihnen diente. Und sie saßen etliche Zeit im Gefängnis. Und es träumte ihnen beiden, dem Schenken und dem Bäcker des Königs von Ägypten, in ***einer*** *Nacht einem jeden ein eigener Traum, und eines jeden Traum hatte seine Bedeutung.*

Diese Betonung auf *zwei:* Josef hat zwei Träume, wo es darum geht, daß seine Brüder sich vor ihm beugen werden, daß er herrschen wird. Und ein Traum hat sogar mit seinem Vater und seiner Mutter zu tun. Die Doppelung, die Steigerung, die Betonung: »So wird es gewißlich wahr!« Und hier geht es um zwei Träume in einer Nacht, die eng miteinander zusammenhängen.
Dieses Thema »Traum«: Gott wirkt auch durch Träume. Träume kommen durch die Nacht vom Himmel und erleuchten die Menschen, die das erleben. So sind die Träume, die Gott schickt, um uns

Klarheit und Sinn zu bringen, sehr ungewöhnliche Träume. Dieses Thema zieht sich durch die ganze Bibel, bis hin zu einem anderen Josef in bezug auf den Säugling Jesus (auch zwei Träume damals), bis hin zu dem Traum des Paulus, daß er nach Europa gehen sollte. Dies bedeutet den Weg zur Missionierung des europäischen Abendlandes, daß die Menschen Christen werden können.

Träume können aber auch so gedeutet werden, wie Jeremia das sieht: daß sie nicht von Gott kommen. Nur das Wort kommt von Gott. Träume können Wunschträume sein. Es gibt sehr wenig Träume, die die Zukunft voraussehen.

Meine Schwester hat diese Plage (denn es kann eine Plage sein), auch meine Großmutter, denn beide hatten Träume, die den Tod anzeigten. Meine Großmutter Dina, eine sehr fromme Jüdin, hatte ein Traumerlebnis, als ihre Mutter noch in Europa wohnte – der Vater war mit Dina und anderen Kindern in Amerika und arbeitete, um genug Geld zu verdienen, damit die anderen, kleineren Kinder und seine Frau auch nach Amerika kommen könnten. Sie träumte, daß ihre Mutter zu ihr sprach: »Ich bin tot, Dina«, – sie war 35 Jahre alt und kerngesund, soweit man wußte – »aber ich bin bei unserem Gott, dem Gott Israels. Glaube an ihn, bleibe fromm und du wirst bei ihm sein.« Meine Großmutter war damals elf Jahre alt, und sie hat gewußt: Meine Mutter ist tot. Die nächste Nachricht, die kam, war, daß die Mutter plötzlich einen Lungensturz bekommen hatte und starb. Meine Großmutter blieb ihr Leben lang fromm, und sie war die allererste, die meine Ehe mit einer Deutschen akzeptiert hat – als die Frömmste der Frommen. Sie hat nicht ein Grab für mich verlangt, daß ich tot wäre; sie hat gesagt: »Der Herr, der Gott Israels, wird wissen, warum das mit David so ist.« Sie hat recht.

Und es träumte ihnen beiden, dem Schenken und dem Bäcker des Königs von Ägypten, in ***einer*** *Nacht einem jeden ein eigener Traum, und eines jeden Traum hatte seine Bedeutung. Als nun am Morgen Josef zu ihnen hineinkam und sah, daß sie traurig waren, ...*
»Morgen« – Klarheit, Klarheit wie am Ostermorgen.

... fragte er sie und sprach: Warum seid ihr heute so traurig? Sie

antworteten: Es hat uns geträumt, und wir haben niemand, der es uns auslege.

Sie haben gewußt: Diese Träume haben Bedeutung. Selten gibt es, wie gesagt, Träume, die Bedeutung für die Zukunft haben. Aber ich glaube, daß Träume für uns Bedeutung haben. Sie reden durch eine Bildersprache, die unsere eigene ist. Deswegen sind wir selbst die einzigen, die diese Träume richtig auslegen können, denn jeder hat seine eigene, persönliche Bildsprache.

Es hat uns geträumt, und wir haben niemand, der es uns auslege. Josef sprach: Auslegen gehört Gott zu; doch erzählt mir's.

Was er meint, ist der Grundsatz: Gott allein versteht. Das ist richtig. Aber Gott gibt manchem seiner Knechte die Fähigkeit, das ist prophetische Kraft, hineinzusehen in das, was Gott will. Das ist, was Prophetie überhaupt bedeutet, die Seherkraft. Seher ist die Urdeutung von Prophet.

Josef wird jetzt die Kraft bekommen, hineinzusehen in die Bedeutung dieser Träume, und damit in die Wahrheit, die Gott ihm zeigt.

Da erzählte der oberste Schenk seinen Traum und sprach zu Josef: Mir hat geträumt, daß ein Weinstock vor mir wäre, ...

Denken Sie an die Bedeutung vom Weinstock: »Ich bin der Weinstock, ihr seid die Reben ... Ohne mich könnt ihr nichts tun.« (Johannes 15)

... der hatte drei Reben, und er grünte, wuchs und blühte, und seine Trauben wurden reif.

Die ganze Symbolik von Trauben: »Nehmet und trinket, das ist mein Blut ...« – Weinstock, Wein.

Und ich hatte den Becher des Pharao in meiner Hand und nahm die Beeren und zerdrückte sie in den Becher und gab den Becher dem Pharao in die Hand.

Josef sprach zu ihm: Das ist seine Deutung: Drei Reben sind drei Tage.

Nochmals diese Deutung – auch in bezug auf Jesus: die drei Tage, zerdrückt, dieser Wein, Jesu Blut.

Nach drei Tagen wird der Pharao dein Haupt erheben und dich wieder in dein Amt setzen, ...

Und nach drei Tagen ist Jesus vom Vater aus dem Tod herausgeholt worden, nach dem Weg des Leidens.

... daß du ihm den Becher in die Hand gebest wie vormals, als du sein Schenk warst. Aber gedenke meiner, wenn dir's wohlgeht, und tu Barmherzigkeit an mir, daß du dem Pharao von mir sagst und mich so aus diesem Hause bringst.

Josef bittet um Erinnerung, um Dankbarkeit. Wie war das bei Jesus und den zehn Aussätzigen, welche damals unheilbar krank waren? Jesus hat sie alle geheilt; aber nur einer kommt zurück, um zu danken. Hier aber sagt Josef ausdrücklich: Vergiß nicht, gedenke an mich, sei barmherzig! Das war so wichtig für diesen Mundschenk, aber dann bekam er, was er haben wollte – wie die Aussätzigen, die Jesus heilte. Und als er hatte, was er haben wollte, dachte er nicht mehr an Josef.

Denn ich bin aus dem Lande der Hebräer heimlich gestohlen worden; und auch hier hab ich nichts getan, weswegen sie mich hätten ins Gefängnis setzen dürfen.

Josef zeigt und bezeugt seine Unschuld. Und Jesus ist der Unschuldige, der für uns am Kreuz starb – das Leiden der Erwählten Gottes, dieser Leidensweg.

Als der oberste Bäcker sah, daß die Deutung gut war, ...

Er hat gewartet. Jetzt glaubt er, wenn es bei dem anderen gutgeht, wird es bei mir auch gutgehen. Heutzutage gibt es manche, die etwas von einem Pfarrer wissen wollen, ob Dinge erlaubt sind oder nicht erlaubt sind. Und wenn sie merken, daß einer liberaler und viel weicher ist in seiner Auslegung, dann gehen sie zu ihm. Da wissen sie, er wird mir das sagen, was ich gerne hören will. Ist es bei uns Menschen nicht oft so, daß wir das suchen, was wir gerne hören wollen?

... sprach er zu Josef: Mir hat auch geträumt, ich trüge drei Körbe mit feinem Backwerk auf meinem Haupt und im obersten Korbe allerlei Gebackenes für den Pharao, und die Vögel fraßen aus dem Korbe auf meinem Haupt.

Josef antwortete und sprach: Das ist seine Deutung: Drei Körbe sind drei Tage. Und nach drei Tagen wird der Pharao dein Haupt erheben und dich an den Galgen hängen, und die Vögel werden dein Fleisch von dir fressen.

Hier geht es um Trennung – zum Leben oder zum Tod. Eine Vordeutung von Gericht, Segen und Fluch.

Und es geschah am dritten Tage, da beging der Pharao seinen Geburtstag. Und er machte ein Festmahl für alle seine Großen und erhob das Haupt des obersten Schenken und das Haupt des obersten Bäckers unter seinen Großen und setzte den obersten Schenken wieder in sein Amt, daß er den Becher reiche in des Pharao Hand, aber den obersten Bäcker ließ er aufhängen, wie ihnen Josef gedeutet hatte. Aber der oberste Schenk dachte nicht an Josef, sondern vergaß ihn.

Denken wir daran, daß Gott uns öfters geholfen hat in Not? Wir vergessen ihn leider auch oft – wie diese neun Aussätzigen. Wie oft leben wir nur für den Moment: Ich habe, was ich will; jetzt denke ich nicht an Gott. So habe ich im Krankenhaus immer wieder Menschen besucht, die schwer krank waren. Und wenn sie dann genesen waren, habe ich gesagt: »Denken Sie auch an den Herrn, wenn es Ihnen gutgeht, nicht nur, wenn Sie in Not sind.« Denn wahrer Glaube bewährt sich sowohl in Freuden als auch im Leiden.

Josef deutet die Träume des Pharao (1. Mose 41,1-36)

Und nach zwei Jahren hatte der Pharao einen Traum, ...

Wie lange hat das gedauert! Aber der Herr kommt ans Ziel. Die ganze Zeit steht vor ihm. Wir sind ungeduldig, wir wollen immer jetzt haben: Jetzt muß ich das haben! Ich bin auch so ein Typ. Aber der Herr weiß, wann die richtige Zeit ist, wann sie reif ist.

... er stünde am Nil und sähe aus dem Wasser steigen sieben schöne, fette Kühe; die gingen auf der Weide im Grase. Nach diesen sah er andere sieben Kühe aus dem Wasser aufsteigen, die waren häßlich und mager und traten neben die Kühe am Ufer des Nils. Und die häßlichen und mageren fraßen die sieben schönen, fetten Kühe. Da erwachte der Pharao.

Merkwürdig sind die Träume, an die wir uns erinnern. Meistens dann, wenn wir plötzlich aufwachen. Dann haben wir diesen Traum immer noch im Bewußtsein. Ich glaube, öfters direkt bevor wir aufwachen am Morgen.

Und er schlief wieder ein, und ihm träumte abermals, ...

Nochmals ***zwei*** Träume, zwei Zeugen – das zieht sich durch diese ganze Geschichte, wie bei Josef und Jesus. Zwei Träume – die Untermalung, die Unterstreichung dieser Tatsachen: Das ist etwas Wichtiges.

... und er sah, daß sieben Ähren aus einem Halm wuchsen, voll und dick. Danach sah er sieben dünne Ähren aufgehen, die waren vom Ostwind versengt. Und die sieben mageren Ähren verschlangen die sieben dicken und vollen Ähren. Da erwachte der Pharao und merkte, daß es ein Traum war.

Das bedeutet: Dieser Traum war so wirklich für ihn, als ob es Wirklichkeit wäre, so daß er jetzt aufwacht und merkt: Es war nur ein Traum. Aber nur? Nein, mehr als das.

Und als es Morgen wurde, ...

Als Klarheit gekommen ist – Traum – durch das Dunkel zu uns – Klarheit.

... war sein Geist bekümmert, und er schickte aus und ließ rufen alle Wahrsager in Ägypten und alle Weisen und erzählte ihnen seine Träume. Aber da war keiner, der sie dem Pharao deuten konnte.

Das bedeutet, alle Wahrsager, alle Weisen, die nicht von Gott berufen sind, die nicht wie Josef sagen: »Der Herr allein kann auslegen«, die nicht diese Schau von Gott haben, diese prophetische Schau, sind nur Götzendiener und sollen als solche betrachtet werden. Hier ist eine deutliche Gegenüberstellung von Gottes Wahrheit, Gottes heilsgeschichtlichen Wegen und dem Versagen der sogenannten Wahrheit und der Weisen dieser Welt, die nicht dem lebendigen Gott dienen. Das ist so wichtig heute! Denn wir leben in einer Zeit, wo Wahrsagerei überhandnimmt, der Okkultismus überhandnimmt, dabei ist alles, was dahintersteckt, nichtig.

Da redete der oberste Schenk zum Pharao und sprach: Ich muß heute an meine Sünden denken: ...

Er denkt zurück! Plötzlich kommt der Moment, wo er sieht, daß er gesündigt hat, gesündigt an Josef. Josef bat ihn, dem Pharao die Wahrheit zu sagen, wenn er aus dem Gefängnis herauskäme. Und plötzlich, nach zwei Jahren, denkt dieser Mann daran. So kann unser Gewissen wirken. Manche Leute sind ihr Leben lang geplagt von Sünde, die sie nicht gutmachen, die sie nicht in der Beichte vor den Herrn bringen. Wie viele gingen hier in Deutschland im Dritten Reich leider diesen Weg und gehen ihn weiterhin?! Und nicht nur in Deutschland, sondern auch in anderen Ländern.

Ich muß heute an meine Sünden denken.

Jetzt ist er zur Klarheit gekommen, jetzt ist es Morgen für ihn.

Als der Pharao zornig wurde über seine Knechte und mich mit dem obersten Bäcker ins Gefängnis legte in des Amtmanns Hause, da träumte uns beiden in einer Nacht einem jeden sein Traum, dessen Deutung ihn betraf.

Hier nochmals diese Doppelung.

Da war bei uns ein hebräischer Jüngling,...

Die Betonung auf »hebräisch«: Das meint Gottes Volk.

... dem erzählten wir's. Und er deutete uns unsere Träume, einem jeden nach seinem Traum. Und wie er uns deutete, so ist's gekommen; denn ich bin wieder in mein Amt gesetzt, aber jener wurde aufgehängt.

Also: Die Weisheit jenes Mannes, jenes Gefangenen, jenes fremden Gefangenen, übertrifft alle Weisheit, die in Ägyptenland vorhanden ist. Warum? Weil diese Weisheit nicht von Josef kommt, sondern von Gott. Er allein kann auslegen und gibt Josef diese Schau.

Da sandte der Pharao hin und ließ Josef rufen, und sie ließen ihn eilends aus dem Gefängnis.

Er kommt jetzt heraus aus dem Gefängnis. »Der Weg aus dem Gefängnis« – ein Gesamtthema durch die ganze Bibel. Das betrifft Petrus, das betrifft auch Jesus, der das endgültige Gefängnis – das ist der Tod – verschlungen und überwunden hat.

Und er ließ sich scheren und zog andere Kleider an und kam hinein zum Pharao.

Kleider – so ein zentrales Merkmal des Erwählten bei Josef. Das Kleid von seinem Vater – wie das gegen ihn benutzt wird von seinen Brüdern und von Potifars Frau! Jetzt bekommt er andere Kleider, für einen anderen Weg, eine andere Wirklichkeit – er ist der Erwählte. So werden wir alle in der Ewigkeit neue Kleider bekommen, reine, weiße Kleider, reingewaschen durch Jesu Kreuzesblut – wenn wir ausharren bis ans Ende.

Da sprach der Pharao zu ihm: Ich habe einen Traum gehabt, und es ist niemand, der ihn deuten kann. Ich habe aber von dir sagen hören, wenn du einen Traum hörst, so kannst du ihn deuten. Josef antwortete dem Pharao und sprach: Das steht nicht bei mir; Gott wird jedoch dem Pharao Gutes verkünden.

»Das steht nicht bei mir« – wie Paulus, als er angebetet wird wegen Wundern, die er tat (Apostelgeschichte), und er sagt sofort: Ich bin nicht Gott. Das ist sehr wichtig für uns als Zeugen Jesu Christi. Wir sind nicht da, unsere Gaben zu bezeugen, sondern ihn zu bezeugen, nicht anzugeben mit besonderen Gaben, die wir haben, sondern in Demut, wie Johannes der Täufer, der letzte und vollmächtigste Prophet, zu sagen: »Ich bin nicht würdig, die Riemen deiner Schuhe zu binden.« – In Demut unter dem Herrn, so wie es Josef war.

Der Pharao sprach zu Josef: Mir träumte, ich stand am Ufer des Nils und sah aus dem Wasser steigen sieben schöne, fette Kühe; die gingen auf der Weide im Grase. Und nach ihnen sah ich andere sieben dürre, sehr häßliche und magere Kühe heraussteigen. Ich hab in ganz Ägyptenland nicht so häßliche gesehen.

Merken Sie, er bringt eine Steigerung hier: Ganz schlimm waren diese häßlichen und mageren Kühe. Das erste Mal war das nicht so in der Geschichte, sondern wird erst hier ausgeführt.

Und die sieben mageren und häßlichen Kühe fraßen die sieben ersten, fetten Kühe auf. Und als sie die hineingefressen hatten, ...

Und das ist auch neu!

... merkte man's ihnen nicht an, daß sie die gefressen hatten, und waren häßlich wie zuvor.

Selbstverständlich ist das widernatürlich! Zum einen fressen Kühe nicht andere Kühe auf, zum anderen sind magere und häßliche nicht in der Lage, große Kühe zu verschlingen. Und wenn sie sie verschlingen würden, würden sie dick und nicht mehr mager sein. Das sind alles Dinge, die gegen die Natur sind. Aber Gott herrscht über die Natur, und auch über die Träume.

Da wachte ich auf. Und ich sah abermals in meinem Traum sieben Ähren auf einem Halm wachsen, voll und dick. Danach gingen auf sieben dürre Ähren, dünn und versengt. Und die sieben dünnen Ähren verschlangen die sieben dicken Ähren. Und ich habe es den Wahrsagern gesagt, aber die können's mir nicht deuten.

Nochmals die Wiederholung über das Versagen *seiner* Wahrsager. Lassen Sie sich niemals mit okkulten Mächten und Kräften in

Verbindung bringen! Es gibt nur eine Wahrheit, und das ist Jesus Christus, bezeugt durch die Schrift.

Josef antwortete dem Pharao: Beide Träume des Pharao bedeuten das gleiche.

Nochmals eine Doppelung, und diese Doppelung ist eine Steigerung und bezeugt: Das wird passieren!

Hier ist der allmächtige Gott am Werk, und er verkündet dem Pharao, was er vorhat. Warum redet er zum Pharao? Weil er Pharao ist? Nein. Jesus beugt sich nicht vor den Mächtigen und Starken dieser Welt. Aber der Pharao wird durch Josef das Volk Israel erretten und Gottes Heilsplan weiterführen. Sonst würde das ganze Volk Israel sterben an dieser Hungersnot. So sind Gottes verborgene Wege. Und Josef mußte auch alles dieses Leiden erleben, um diesen Weg zu gehen, den Weg zur Erlösung seines Volkes.

So ist die Geschichte Israels vorgedeutet, eine Leidensgeschichte, bis Israel ans Ziel kommen wird, indem sie getauft werden und Jesus als ihren Herrn annehmen im Tausendjährigen Friedensreich. Und so ist der Leidensweg von uns Christen, ist der Samen der Märtyrer. Das steht entgegengesetzt zu dem, was die menschliche Natur haben will, wie diese Bilder in dem Traum entgegengesetzt sind zu dem, was die Natur selbst bezeugen kann. So verborgen und so tiefsinnig sind Gottes heilsgeschichtliche Wege mit uns.

Die sieben schönen Kühe sind sieben Jahre, ...

»Sieben« hat hier natürlich mit Schöpfung zu tun – die sieben Tage der Schöpfung Gottes.

... und die sieben guten Ähren sind dieselben sieben Jahre. Es ist ein und derselbe Traum. Die sieben mageren und häßlichen Kühe, die nach jenen aufgestiegen sind, das sind sieben Jahre, und die sieben mageren und versengten Ähren sind sieben Jahre des Hungers. Das meinte ich, wenn ich gesagt habe zum Pharao, daß Gott dem Pharao zeigt, was er vorhat.

Josef deutet nicht nur den Traum, sondern er merkt, daß Gott dem Pharao das sagen will. Josef denkt jetzt wahrscheinlich: Das hat mir geholfen, Gott ist mit mir. Aber er sieht noch nicht in die Tiefe von Gottes heilsgeschichtlichen Wegen mit ihm und mit seinen Brüdern.

Siehe, sieben reiche Jahre werden kommen in ganz Ägyptenland. Und nach ihnen werden sieben Jahre des Hungers kommen, so daß man vergessen wird alle Fülle in Ägyptenland. Und der Hunger wird das Land verzehren, daß man nichts wissen wird von der Fülle im Lande vor der Hungersnot, die danach kommt; denn sie wird sehr schwer sein.

Wie vergeßlich sind wir Menschen! Aber hier geht es um Vorbereitung, Vorbereitung, damit diese schlechte Zeit nicht die guten Jahre verzehren wird. Der reiche Kornbauer übernimmt im Grunde genommen diesen Gedanken; er baut Scheunen, Scheunen als Vorbereitung, daß er genießen kann. Aber da geht es um ihn, er ist selbstsüchtig. Und Gott antwortet mit dem gleichen Bild und Gedanken im Negativ, was vorher Positiv war: »Du Narr, heute wird man deine Seele von dir fordern.«

Das passiert ständig in der Bibel. Die Orte, die einmal gesegnet waren – wie Bethel bei Jakob –, werden dann zu verfluchten Orten – wie Bethel zu Amos' Zeit. So auch die zehn Gerechten, was sich ständig umkehren kann in zehn, die verloren sind, wie die zehn verlorenen Stämme oder die zehn Kundschafter, die das Land nicht einnehmen wollen. Das bedeutet, wir können Gottes Wege nicht in den Griff bekommen. Der gleiche Ort, die gleiche Zahl kann sich in das Gegenteil umkehren. Ich habe öfters das Beispiel »Stein« benutzt. Stein bedeutet Tod; aber Stein wird auch zum Leben werden.

Daß aber dem Pharao zweimal geträumt hat, bedeutet, daß Gott solches gewiß und eilends tun wird.

»Zweimal« ist hier betont, daß er solches nicht nur gewiß, sondern auch eilends tun wird.

Nun sehe der Pharao nach einem verständigen und weisen Mann, den er über Ägyptenland setze, ...

Natürlich ist Josefs Rat der Rat eines weisen und klugen Mannes. Er weiß, daß er gedeutet hat, was die Weisen im Land nicht deuten konnten. Er weiß, daß er der Erwählte Gottes ist, und daß

Gott immer bei ihm ist, – auch in seiner Not wurde er immer über andere gesetzt, wegen seiner Weisheit, den anderen zu helfen, ob das in Potifars Haus war, ob das im Gefängnis war ... Josef muß mit dieser Aussage ein bißchen auch an sich gedacht haben. Natürlich, das steht nicht deutlich geschrieben, aber man kann es ahnen, weil Josef auch klug war.

... und sorge dafür, daß er Amtleute verordne im Lande und nehme den Fünften in Ägyptenland in den sieben reichen Jahren ...

Josef fängt dann an zu sagen, was getan werden muß, nicht nur, daß ein Weiser berufen werden soll, sondern auch, was getan werden muß. Das bedeutet, er fängt an zu handeln, als ob er dieser Weise sei.

... und lasse sie sammeln den ganzen Ertrag der guten Jahre, die kommen werden, daß sie Getreide aufschütten in des Pharao Kornhäusern zum Vorrat in den Städten und es verwahren, ...

Auch hier das Bild wie beim reichen Kornbauern, wo das dann negativ gedeutet wird.

... damit für Nahrung gesorgt sei für das Land in den sieben Jahren des Hungers, die über Ägyptenland kommen werden, und das Land nicht vor Hunger verderbe.

Josefs Erhöhung (1. Mose 41,37-46)

Hinweis auf Jesu Erhöhung!

Die Rede gefiel dem Pharao und allen seinen Großen gut.
Interessant, auch den Großen! Von einem Fremden hier im Land.

Und der Pharao sprach zu seinen Großen: Wie könnten wir einen Mann finden, in dem der Geist Gottes ist wie in diesem?
Er erkennt, daß der Geist Gottes in diesem ist. Das bedeutet, daß dieser Gott auch Gott über Ägypten ist. Der Herr, der Gott Israels, ist Herr über alle Völker.

Und er sprach zu Josef: Weil dir Gott dies alles kundgetan hat, ist keiner so verständig und weise wie du.
Der Pharao zeigt auch eine gewisse Weisheit mit dieser Erkenntnis.

Du sollst über mein Haus sein, ...
»Über mein Haus« – wie das bei Potifar war. Jetzt geht der Weg durch dieses Leiden zu seiner Erhöhung, das ist die Herrschaft über dieses große heidnische Land. Und das ist der Weg Jesu Christi, hier vorgedeutet, nur nicht so groß wie Jesus, denn Jesu Herrschaft geht über alle Heidenländer. Dieses Wort wird in der ganzen Welt bekannt werden, wie das so deutlich vorhergesagt wird in mehreren Psalmen, z.B. in Psalm 22, wenn er richtig gedeutet wird.

Du sollst über mein Haus sein, und deinem Wort soll all mein Volk gehorsam sein; ...
Das *Wort* hier! Das Wort, weil das Wort von Gott kommt. Und Josef ist verständig wegen Gott, der allein weiß und allein deutet.

... allein um den königlichen Thron will ich höher sein als du.
Und es ist interessant, daß Jesus sich *als Mensch* ganz und gar unter den königlichen Thron des Vaters stellt. Er sagt: Ich weiß

selbst nicht Tag und Stunde, wann ich wiederkomme. Das ist Jesus, der Mensch. Sicher weiß er das jetzt, seit der Auferstehung, wo er nur Gott ist. Aber dieser Gehorsam und diese Untertänigkeit nur unter die höchste Instanz – und diese höchste Instanz ist der königliche Thron –, und das ist Gott Vater.

Und weiter sprach der Pharao zu Josef: Siehe, ich habe dich über ganz Ägyptenland gesetzt.

Und dieses Ägyptenland ist auch der Ort, wo Jesus dann später Zuflucht sucht wegen Josef, seinem Vater, und dessen zwei Träumen. Das ist eine Vordeutung, daß das Heil an die Heiden gehen wird, Jesaja 19, die Friedensstraße, die geht von Israel – Jesus ist unser Friede –, geht nach Ägypten (das ist eine Zeichenhandlung, der Weg Jesu nach Ägypten) und dann nach Syrien oder Assyrien, wo Paulus, der große Heidenmissionar, vor Damaskus zum Glauben kommt, nach Antiochien, in Syrien oder Assyrien, wo die erste heidenchristliche Gemeinde war.

Und er tat seinen Ring von seiner Hand und gab ihn Josef an seine Hand und kleidete ihn mit kostbarer Leinwand und legte ihm eine goldene Kette um seinen Hals ...

Er wird wie ein Prinz behandelt. Da denken wir hier ein bißchen an Mose, wie Mose als ägyptischer Prinz erzogen wurde. Man denkt auch an die Geschichte vom verlorenen Sohn, wie dann der verlorene Sohn so edel behandelt wird. Josef gehört zu einem fremden Volk, und er war vorher ein Gefangener. Hier sind auch Wege und Vordeutungen zu sehen im gesamtbiblischen Rahmen.

... und ließ ihn auf seinem zweiten Wagen fahren (Mose!) und ließ vor ihm her ausrufen: Der ist des Landes Vater! Und setzte ihn über ganz Ägyptenland.

Der Pharao läßt ausrufen, daß Josef des Landes Vater sei, er gibt ihm Vollmacht über das ganze Land. Und der himmlische Vater hat diese Vollmacht Jesus Christus gegeben, der in das tiefste Gefängnis des Todes gegangen ist und das für uns geöffnet hat.

Und der Pharao sprach zu Josef: Ich bin der Pharao, aber ohne deinen Willen soll niemand seine Hand oder seinen Fuß regen in ganz Ägyptenland.

Er bekommt eine Vollmacht und steht nur unter dem Pharao. Er bekommt sie zuerst, weil er der Erwählte ist, und zweitens, weil er erfahren ist. Der Herr hat ihn auch geprüft, mit Potifars Frau, daß er lernte, seine Grenze zu beachten. Die Grenze des Gehorsams gegenüber der höchsten Autorität – Gott; aber dann war Josef auch dem Pharao untertan.

Und er nannte ihn Zafenat-Paneach und gab ihm zur Frau Asenat, die Tochter Potiferas, des Priesters zu On.

Hier ist etwas wie ein Priesterkönig. Er ist nicht ganz König und nicht ganz Priester, aber von beiden hat er etwas. Jesus wird diese Linie übernehmen. Zuvor David, der wie ein Priester die Schaubrote aß und um die Bundeslade tanzte wie ein Priester mit seinem Schurz. Das führt auf dem Weg des Priesterkönigs zu Jesus Christus.

Und Josef war dreißig Jahre alt, als er vor dem Pharao stand, dem König von Ägypten.

Interessant – wir rechnen, daß Jesus seine Tätigkeit ungefähr im Alter von dreißig Jahren begann.

Und er ging hinweg vom Pharao und zog durch ganz Ägyptenland.

Damit wollte er zeigen, daß er der Herr im Lande war. Und was hat Jesus getan? Er ging durch das ganze Land Israel, von Norden bis Süden, bis Jerusalem, zu zeigen: Dieses Land gehört mir, ich bin der König der Juden. Angebetet von den Weisen aus dem Osten als Judenkönig am Anfang und gestorben am Kreuz, auch in seinem Sinne, als INRI – Jesus von Nazareth, König der Juden.

Josefs Fürsorge für Ägypten – Die Geburt seiner Söhne (1. Mose 41,47-57)

Und das Land trug in den sieben reichen Jahren die Fülle. Und Josef sammelte die ganze Ernte der sieben Jahre, da Überfluß im Lande Ägypten war, und tat sie in die Städte. Was an Getreide auf den Feldern rings um eine jede Stadt wuchs, das tat er hinein.

Er sorgt vor für die Zukunft. Das sollen wir auch lernen. Aber später bei der Wüstenwanderung muß Israel das Manna gleich verbrauchen, mindestens in kürzester Zeit, damit sie erleben, daß sie täglich aus Gottes Hand leben.

Hier sind zwei verschiedene Aspekte: Einmal die Vorsorge für die Zukunft, für die Zeit der Not, und zum anderen die Erkenntnis, wie in der Wüste, daß man aus Gottes Hand lebt. Und deswegen ist es sehr wichtig zu wissen, in welcher Lage man sich befindet. Welche von diesen biblischen Wahrheiten ist die bestimmende Wahrheit für mich? Das ist seelsorgerlich auch sehr wichtig, daß wir die richtigen Antworten haben auf die Lage, in der wir sind.

Ich habe einen Mann erlebt, der jedesmal, wenn ich versuchte, ihn zu positiven Gedanken zu ermutigen – denn der Mann war relativ krank, und er hat viel Not erlebt –, sagte: »Ach, das ist alles Unsinn, Herr Pfarrer!« Erst als ich merkte, daß dieser biblische Weg nicht der richtige war, habe ich gesagt: »Jetzt denken wir an die Zukunft.« Und das war der Weg bei ihm. So müssen wir lernen, nicht stur und nicht gesetzlich zu sein. Die Bibel bietet uns hier Möglichkeiten, und wir müssen wissen, welches die richtige Möglichkeit für die jeweilige Lage ist. Und das hat sehr viel mit Gebet und Mitgefühl zu tun für die Lage, in der wir mit dem anderen sind, unter der Herrschaft Gottes, damit er uns die Situation erschließt und uns die richtigen Worte gibt.

So schüttete Josef das Getreide auf, über die Maßen viel, wie Sand am Meer, ...

»Sand am Meer« – die Verheißung an die Erzväter Abraham, Isaak und Jakob. So wird das Volk Israel sein, so viel wie Sand am Meer. Und dieses Bild wird jetzt übernommen durch einen Verheißungsträger in Beziehung zu Gottes Barmherzigkeit, jetzt auch an die Heiden. Auch dies ist eine Vordeutung auf Jesus.

... so daß er aufhörte zu zählen, denn man konnte es nicht zählen.
Wie das Volk Israel – durch die Jahrtausende ein großes Volk, wenn auch klein zu einer bestimmten Zeit, aber durch Jahrtausende ein großes Volk.

Und Josef wurden zwei Söhne geboren, bevor die Hungersnot kam; die gebar ihm Asenat, die Tochter Potiferas, des Priesters zu On. Und er nannte den ersten Manasse; denn Gott, sprach er, hat mich vergessen lassen all mein Unglück ...
Ja, das ist die Wirklichkeit! Welch großes Unglück mußte Josef erleben – erst wird er gehänselt von den Brüdern, dann wollten sie ihn töten und schließlich verkauften sie ihn. Dazu was er von Potifars Frau und im Gefängnis erlebt hat. Jetzt kann er alles vergessen. So wie mit der Auferstehung Jesu Christi das ganze Leiden hinter ihm liegt: Es ist vollbracht und vollendet!

... hat mich vergessen lassen all mein Unglück und mein ganzes Vaterhaus.
Ja, er hat sein Vaterhaus vergessen; aber der Herr hat ihn nicht vergessen, denn das ist der Weg der Verheißung über Josef. Deswegen ist er in Ägypten. Der Herr hat eine Sicht, die weit höher ist als Josefs, und er gibt ihm diese Erkenntnis erst später, als die Brüder zu ihm kommen. Ja, er hat sein Vaterhaus vergessen. Und ich muß sagen, das ist ein Fingerzeig Gottes an mich, daß ich niemals vergesse, daß ich Jude bin – und ich werde das niemals tun. Paulus hat das niemals vergessen, Jesus hat das niemals vergessen, kein richtiger Jude vergißt das.

Den andern nannte er Ephraim; denn Gott, sprach er, hat mich wachsen lassen in dem Lande meines Elends.
Er ist gewachsen, bis er siebzehn Jahre alt war, in Israel, Kanaan, welches auch das Land seines Elends gewesen ist. Dort war

Josefs Leben nicht leicht – unter seinem Vater ja, aber sicherlich nicht unter seinen Brüdern und wie sein Leben ablief. Aber Ephraim bedeutet, daß er »fruchtbar geworden ist im Land seines Elends« – und sein Sohn Ephraim wurde ihm in Ägypten geboren. Deswegen denken wir auch an das Leid Josefs als er nach Ägypten kam.

Josefs Söhne tragen dann einen Teil seines Weges, seiner Geschichte. Die Identität einer Person wird im Alten Testament getragen bis ins vierte Glied durch seine Kinder. Und so werden diese Kinder auch so bezeichnet, das hat mit dem Vater zu tun.

Manasse – »denn Gott, sprach er, hat mich vergessen lassen all mein Unglück und mein ganzes Vaterhaus« –, doch hier geht es um Josef.

Und Ephraim – »denn Gott, sprach er, hat mich wachsen lassen in dem Lande meines Elends.« Was der Vater erlebt, wird weitergetragen in der Namensgebung, und das bedeutet im Wesen seiner Kinder. Das ändert sich erst – in einem Text, der zentral war für Luther – in Hesekiel 18, wo steht, daß wir nicht ins Gericht kommen wegen der Taten oder dem Glauben unserer Väter. Das bedeutet, wir sind eigenständig und selbstverantwortlich, und wir leben nicht weiter durch unsere Kinder. Identität ist meine Identität, sie wird nicht weitergetragen durch meine Kinder.

Als nun die sieben reichen Jahre um waren im Lande Ägypten, da fingen an die sieben Hungerjahre zu kommen, wie Josef gesagt hatte.

Wie wenig Leute denken daran, wenn es ihnen gutgeht, Vorbereitungen zu treffen für schwere Zeiten! Kluge Industrielle, kluge Geschäftsleute, kluge Leute überhaupt leben auch mit der Kenntnis: Es wird nicht immer gutgehen, ich muß etwas beiseite legen, ich muß vorbereitet sein für die Zukunft.

Und es ward eine Hungersnot in allen Landen, aber in ganz Ägyptenland war Brot. Als nun ganz Ägyptenland auch Hunger litt, schrie das Volk zum Pharao um Brot. Aber der Pharao sprach zu allen Ägyptern: Geht hin zu Josef; was der euch sagt, das tut.

Ganz Ägypten, allumfassend, das große Heidenvolk, sie alle schreien in der Not nach Brot. Josef und Jesus – Jesus sagt: »Nehmet und esset, das ist mein Leib.« Hier ist die endgültige Deutung von Brot. Brot bedeutet Leben in der Bibel. Woher kommt das Brot? Das lernt man dann bei der Wüstenwanderung: Manna vom Himmel. Und das Brot, das uns alle sättigt, als Angebot für die ganze Welt, das ist Jesu Leib.

Als nun im ganzen Lande ...

Immer die Betonung auf das *ganze* Land.

... Hungersnot war, tat Josef alle Kornhäuser auf und verkaufte den Ägyptern; denn der Hunger ward je länger je größer im Lande.

Sehen wir nochmals diesen Bezug zu dem reichen Kornbauern. Der will auch seine Kornhäuser bauen, seine Scheunen, und dann in Freude und Unbekümmertheit leben, wie die, die Josef über ihre Güter gesetzt haben, wie Potifar oder der Amtmann im Gefängnis und sogar der Pharao. Aber hier geht es um etwas ganz anderes. Die Kornhäuser in Ägypten werden genutzt, um Menschen aus der Not zu retten und Gottes Heilsplan weiterzuführen. Wogegen die Kornhäuser, die dieser reiche Kornbauer bauen wollte, nur für ihn und sein Vergnügen gedacht waren, ein rein egoistisches Ziel. Und Jesus sagt: »Du Narr, heute wird deine Seele von dir verlangt.«

Und alle Welt kam nach Ägypten, ...

»alle Welt« – hier geht es nochmals um das Ganze; der ganze Heilsweg gilt in Jesus Christus als Angebot für alle Welt. Sein gekreuzigter Leib – für alle dahingegeben: »Nehmet und esset, das ist mein Leib.«

... um bei Josef zu kaufen, denn der Hunger war groß in allen Landen.

Erste Reise der Söhne Jakobs nach Ägypten (1. Mose 42)

Als aber Jakob sah, daß Getreide in Ägypten zu haben war, sprach er zu seinen Söhnen: Was seht ihr euch lange an? Siehe, ich höre, es sei in Ägypten Getreide zu haben; zieht hinab und kauft uns Getreide, daß wir leben und nicht sterben.

Dieser Jakob ist ein kluger Mann. Jakob sieht, daß Getreide in Ägypten zu haben ist. Nicht die junge Generation sieht das, sondern er sieht das. Ja, es geht darum, daß Jakob und seine Söhne leben und nicht sterben; es geht um das Überleben des Volkes Israel, um Gottes Heilsplan, der nicht nur für Israel ist, sondern für die ganze Welt. – »... in dir sollen gesegnet werden alle Geschlechter auf Erden« – ein zentraler Aspekt des vierfachen Segens an Abraham, der dann wiederholt wird durch die Patriarchen.

Da zogen hinab zehn Brüder Josefs, um in Ägypten Getreide zu kaufen.

»Zehn« – die Zahl Zwölf trennt sich ständig in zehn und zwei. Zwölf bedeutet die zwölf Stämme und natürlich die zwölf Jünger, das hat mit Nachfolge zu tun. Die Zwei, das sind immer die richtigen Zeugen: ob Josua und Kaleb, daß man das Land übernehmen soll, oder die zwei als Zeugen von Jesu Göttlichkeit – ein jüdischer Mörder im Sterben und ein heidnischer Hauptmann, die zwei Zeugen, daß Jesus Gott ist, denn sein Angebot gilt für Juden wie für Heiden, für Mörder wie für Feinde.

Die Zehn als die zehn Gerechten sehen wir aber in Umkehrung. Da ist eine dialektische Bedeutung wie bei »Stein«, welcher Leben oder Tod bedeuten kann. Die Zehn Gebote, richtig, die Gerechten, aber die zehn Kundschafter wollen das Land nicht übernehmen; die zehn Brüder Josefs sind schuldig, auch wenn die Schuld Rubens sehr begrenzt ist im Vergleich mit der der anderen Brüder. Das geht zu den verlorenen zehn Stämmen des Nordreiches, während zwei übrigbleiben, der große, Juda, von dem Jesus stammt, und der kleinste, Benjamin, von dem Paulus, der große Missionar, stammt. Und Jesus sagt: »Wenn zwei oder drei (oder mehr) versammelt sind in meinem Namen ...« – Warum? Weil die Juden um des Gesetzes willen zehn Männer brauchen, um Gottesdienst oder Gebetsgemeinschaft zu halten. Hier geht es auch um die Trennung: zehn Ungerechte hier, steinernes Gesetz, gegenüber den zwei richtigen Zeugen in bezug auf Jesus.

Und diese Zehn sind jetzt negativ zu sehen. Doch die Zehn hat auch positive Aspekte, nicht nur die Zehn Gebote. In der Verhandlung um Sodom und Gomorra handelt Abraham mit Gott herunter bis zu zehn Gerechten. Aber es gab keine zehn.

Da zogen hinab zehn Brüder Josefs, um in Ägypten Getreide zu kaufen. Aber den Benjamin, Josefs Bruder, ließ Jakob nicht mit seinen Brüdern ziehen; denn er sprach: Es könnte ihm ein Unfall begegnen.

Jakob meint, seinen Lieblingssohn Josef verloren zu haben, indem er zerrissen wurde von einem wilden Tier. Und er hat eine innere Angst, noch einen Sohn zu verlieren. Er hat eine besondere Liebe zu Benjamin. Benjamin ist das Kind seines Alters; er und Josef sind die Kinder von seiner Lieblingsfrau Rachel, die zuerst unfruchtbar war. Die anderen sind die Kinder von Lea und den Mägden.

So kamen die Söhne Israels, Getreide zu kaufen, samt andern, die mit ihnen zogen; denn es war auch im Lande Kanaan Hungersnot. Aber Josef war der Regent im Lande und verkaufte Getreide allem Volk im Lande.

Das bedeutet, es wird einen Juden geben, der eine Herrschaft des Lebens über alle Völker hat. Und dieser Jude heißt dann Jesus Christus, der die Herrschaft über alle Völker hat durch Kreuz und Auferstehung, weil er Gott ist und auch der Heiden Heiland. In ihm allein ist der wahre Weg zu ewigem Leben. Josef hier also auch als Vordeutung auf Jesus.

Als nun seine Brüder kamen, fielen sie vor ihm nieder zur Erde auf ihr Antlitz.

Nun erfüllen sich Josefs Träume! Zweimal hat Josef geträumt, daß die Brüder – zuerst im Bild der Garben, dann im Bild der Sterne – vor ihm niederfallen auf ihr Antlitz.

Und er sah sie an und erkannte sie, aber er stellte sich fremd gegen sie ...

Sie haben sich fremd gegen ihn gestellt – Vergeltung. Das zieht sich durch diese ganze Geschichte. Sie wollten ihn töten.

... und redete hart mit ihnen ...

Weil sie hart mit ihm umgingen.

... und sprach zu ihnen: Woher kommt ihr? Sie sprachen: Aus dem Lande Kanaan, Getreide zu kaufen. Aber wiewohl er sie erkannte, erkannten sie ihn doch nicht.

So war das in bezug auf Jesus. Sie wollten ihn nicht haben: »Kreuzige ihn!« Sie haben ihn nicht erkannt als ihren Herrn und Heiland. Genau wie bei Josef und seinen Brüdern. Nochmals die tiefe Beziehung des Josefgeschehens als Vordeutung des Jesusgeschehens.

Und Josef dachte an die Träume, ...

Aussage und Erfüllung. Hier hat der Traum deutlich einen Sinn in bezug auf Gottes heilsgeschichtlichen Plan. Diese Träume kommen von Gott, sie sind keine Träumerei.

... die er von ihnen geträumt hatte, und sprach zu ihnen: Ihr seid Kundschafter und seid gekommen zu sehen, wo das Land offen ist.

Kundschafter – wir denken hier auch an die zehn Kundschafter, die versagen, als sie schauen sollen, ob das Land für sie offen ist. Sie wollen es nicht übernehmen. Und die zwei richtigen Zeugen – und hier sind auch zwei richtige, Josef und dann Benjamin – die zwei richtigen Zeugen, Josua und Kaleb, wollen das Land übernehmen, weil Gott das erlaubt. Das ist hier wieder eine sehr interessante Vordeutung.

Ihr seid Kundschafter und seid gekommen zu sehen, wo das Land offen ist.

Dieses Thema zieht sich natürlich durch die ganze

Wüstenwanderung bis zur Landnahme – ob das Land geöffnet wird für Israel, oder ob es zugeschlossen wird.

Sie antworteten ihm: Nein, mein Herr! Deine Knechte sind gekommen, Getreide zu kaufen. Wir sind alle eines Mannes Söhne; wir sind redlich, ...

Was bedeutet redlich? Sie haben den Vater schrecklich angelogen über das, was mit Josef passiert ist. Aber wir denken zurück, wie Jakob auch ein Betrüger war. Da ist nochmals diese Geschichte der Vergeltung, sie geht nicht zu Ende.

... und deine Knechte sind nie Kundschafter gewesen.

Sie sind keine Kundschafter gewesen, aber sie sind noch viel schlimmer; sie haben ihren Bruder verkauft. »Was sollen wir ihn töten?« sagten sie sich. »Wir wollen etwas davon haben.« Und in der jüngsten Geschichte: Die Nazis haben beides getan; sie haben getötet und dann das ganze jüdische Geld genommen.

Er sprach zu ihnen: Nein, sondern ihr seid gekommen zu sehen, wo das Land offen ist. Sie antworteten ihm: Wir, deine Knechte, sind zwölf Brüder, ...

Sie geben ihm immer mehr Nachrichten über die Familie, die Josef bekommen will, ohne auf irgendeine Art und Weise zu zeigen, wer er ist. Josef ist sehr klug.

Wir, deine Knechte, sind zwölf Brüder, ...

Diese Zwölf ist so wichtig.

... eines Mannes Söhne im Lande Kanaan, und der jüngste ist noch bei unserm Vater, aber der eine ist nicht mehr vorhanden.

Das ist natürlich etwas ironisch, denn der, der nicht mehr vorhanden zu sein scheint, steht gerade vor ihnen. Das erinnert sehr an die Emmausjünger, die anfangen über Jesus zu erzählen, als Jesus direkt bei ihnen steht; sie erkennen ihn aber nicht.

Josef sprach zu ihnen: Es ist, wie ich euch gesagt habe: Kundschafter seid ihr. Daran will ich euch prüfen: ...

Er prüft sie aber im tiefsten Sinn zu sehen, ob sie anders geworden sind. Er gibt ihnen eine zweite Chance. Ich habe das auch gelernt als Pädagoge, und ich glaube, wir sollen das als Menschen und als Seelsorger erst recht wissen: Es gibt in Schulklassen immer bestimmte Schüler, die stören. Manchmal aber versuchen diese, sich zu ändern. Man weiß nicht, warum, es kann alle möglichen Gründe haben. Man soll aber sehr aufmerksam darauf achten, daß man nicht immer wieder das Negative bei ihnen sucht. Man soll das Positive suchen und offen sein für positive Veränderungen bei anderen.

Und so will Josef sie prüfen, ob sie sich vielleicht geändert haben. Und er vergilt ihnen in dieser Prüfung, daß ihre Schuld auf diese Art und Weise überdeckt werden kann. So wie Jesus unsere Schuld überdecken will mit dem Kleid der Gerechtigkeit. Der gerechte Josef, der gerade wegen diesem Kleid (als Zeichen der Erwählung) so viel gelitten hat.

Daran will ich euch prüfen: So wahr der Pharao lebt: ...

Das klingt so ähnlich wie »so wahr der Herr, der Gott Israels, lebt«. Aber Josef steht jetzt unter dem Pharao.

... ihr sollt nicht von hier wegkommen, es komme denn her euer jüngster Bruder!

Er befiehlt so aus verschiedenen Gründen: Einmal will er sehen, wie sie jetzt zu dem jüngsten Bruder stehen, der ihr Halbbruder und Josefs leiblicher Bruder ist, ein Kind von Rahel. Dann will er Benjamin gerne wiedersehen, zumal der keine Schuld an seinem schweren Erleben hat.

Sendet einen von euch hin, der euren Bruder hole, ihr aber sollt gefangen sein.

Sie werden alle festgehalten, wie sie ihn in der Grube festgehalten haben. Sie werden jetzt gefangen.

Daran will ich prüfen eure Rede, ob ihr mit Wahrheit umgeht. Andernfalls – so wahr der Pharao lebt! – seid ihr Kundschafter!

Natürlich müssen sie überlegen: »Wer ist dieser Mann, der uns für Kundschafter hält?« Das sind sie wirklich nicht. Aber sie fangen an, ihre Schuld wieder zu merken, ihre Vergangenheit, nicht als Kundschafter, sondern was sie Josef angetan haben.

Und er ließ sie zusammen in Gewahrsam legen drei Tage lang.

Wir Christen kennen diese Sache – *drei Tage lang.* Da ist Jona drei Tage im dunklen Bauch des Fisches gefangen; Paulus war drei Tage lang blind, in Dunkelheit versetzt; Jesus geht durch die Dunkelheit des Kreuzes, des Todes bis zum dritten Tag – der Auferstehung. »Drei Tage« spielen eine sehr wichtige Rolle in der Bibel, das Zentrum natürlich: vom Kreuz zur Auferstehung.

Hier sind sie drei Tage im Gefängnis.

Am dritten Tage aber sprach er zu ihnen: Wollt ihr leben, so tut nun dies, denn ich fürchte Gott: ...

Ich fürchte Gott! Hier sagt er nicht »so wahr der Pharao lebt«, sondern es geht um wahre Gottesfurcht. Und *sie* haben keine wahre Gottesfurcht gezeigt in der Art und Weise, wie sie mit Josef umgegangen sind.

Seid ihr redlich, so laßt einen eurer Brüder gebunden liegen in eurem Gefängnis; ...

Das bedeutet: Genau das gleiche wie mit Josef, der in eine Grube geworfen wurde.

... ihr aber zieht hin und bringt heim, was ihr gekauft habt für den Hunger.

Das bedeutet: Ihr bekommt, was ihr haben wollt, und der andere wird dafür bezahlen müssen, er bleibt im Gefängnis. Und genau das haben sie an Josef getan. Sie haben Josef verkauft, sie haben das Geld bekommen, das sie haben wollten. Und der andere, Josef, ging in Gefangenschaft nach Ägypten.

Und bringt euren jüngsten Bruder zu mir, so will ich euren Worten glauben, so daß ihr nicht sterben müßt. Und sie gingen darauf ein.

Sie mußten darauf eingehen, denn Josef hat hier Vollmacht.

Sie sprachen aber untereinander: Das haben wir an unserem Bruder verschuldet! Denn wir sahen die Angst seiner Seele, als er uns anflehte, und wir wollten ihn nicht erhören; darum kommt nun diese Trübsal über uns.

Sie merken: Es ist Gottes Vergeltung. Das ist sicherlich ein Thema, das sich durch die ganze Bibel zieht, und in Genesis ist das sehr, sehr deutlich.

Merken wir das? Merken wir, daß unsere Schuld uns plötzlich bewußt wird, manchmal in Zusammenhängen, die überhaupt nicht direkt mit dieser Schuld zu tun haben, wie es hier in diesem Fall ist?

Der große moderne Dramatiker August Strindberg, der Vater des modernen Theaters, der am Ende seines Lebens Christ geworden ist, sagt: »Alles kommt zurück zu uns am Ende.« Das war eine tiefe, biblische Erkenntnis. Hoffen wir, daß es jetzt zu uns zurückkommt, daß wir nicht dafür ins Gericht gehen müssen. Deswegen beten die Juden am großen Tag der Versöhnung, Jom Kippur: »Vergib mir meine unerkannte Schuld« – diese Chatah, die unerkannte Schuld. Wir sollen als Christen auch lernen, so zu beten, unsere unerkannte Schuld dem Herrn zu übergeben, die Schuld, die er uns (noch) nicht bewußtmacht.

Hier wird die Schuld bewußtgemacht, aber indirekt. Obwohl es letzten Endes sehr direkt ist, denn die Lage, in der sie sich befinden, ist genau die Lage, in die sie Josef versetzt hatten.

Ruben antwortete ihnen und sprach: ...

Ruben ist der Redliche unter ihnen, eigentlich der Erbe, was er aber nicht sein wird. Er wollte nicht, daß Josef umgebracht wird.

Sagte ich's euch nicht, als ich sprach: Versündigt euch nicht an dem Knaben, doch ihr wolltet nicht hören?

Das ist sehr interessant. – »Ich habe es euch ja gesagt«, aber das hilft jetzt nicht mehr. Das sollen wir auch lernen in der Ehe oder in bezug auf tiefe Freundschaften, daß wir nicht immer, wenn wir recht haben, sagen: »Schau mal, ich habe recht gehabt.« Indem wir so reden, zeigen wir einen Hang zur Selbstgerechtigkeit, der etwas Ungerechtes in uns entblößt. Sicher, Ruben hatte absolut recht, und er sieht nun die Konsequenzen. Aber das hätte er jetzt nicht betonen müssen.

Nun wird sein Blut gefordert.

Wie bei Kain und Abel – sein Blut wird gefordert. Das Blut

aber, und das ist interessant, ist nicht das Blut des Todes. Bei Kain und Abel geht es um Blutvergießen, um Tod; Kain erschlägt Abel. Aber das Blut, das diese Brüder auf Josefs Rock geschmiert haben, war nicht sein Blut. Das bedeutet, es war fast ein Voraussehen dessen, was passieren würde. »Blut gefordert« – nicht in dem Sinne, daß sie dann sterben müssen, sondern daß ihnen im gleichen Sinn vergolten wird, wie sie gegen Josef gehandelt haben.

Sie wußten aber nicht, daß es Josef verstand; denn er redete mit ihnen durch einen Dolmetscher.

Sehr klug! Er erfährt alles, was vor sich geht, er sieht, wie die Brüder sich geändert haben, wie sie untereinander reden – ohne daß er sich zu erkennen gibt.

Und wie war das mit Jesus nach seiner Auferstehung, als er unterwegs war mit den Emmausjüngern? Genau das gleiche! Sie erzählten einen großen Unsinn über Jesus. Und Jesus hörte zu, als ob er nicht Jesus wäre.

So ist hier eine tiefe Beziehung zwischen dem Josefsgeschehen und dem Jesusgeschehen. Eine ähnliche Art von solch tiefer Beziehung sehen wir auch zwischen David und dem »Sohn Davids« – Jesus Christus; zwischen Mose und Jesus – »Mose sagte euch ..., ich sage euch ...« Das ganze Alte Testament zeugt von Jesus Christus im voraus, in Vordeutung. Er erfüllt alles. Deshalb singen wir auch: »... so ist uns Jesus alles: König, Priester und Prophet.«

Er ist viel mehr als das, er ist die Erfüllung all der zentralen Gestalten und ihrer wesentlichen Handlungen im Alten Testament. Hier ist eine unwahrscheinliche Einheit. Und wenn wir das wissen, dann brauchen wir wirklich nicht in Zweifel geraten über Jesus Christus als die Erfüllung der Schrift. Gerade in diesem Bezug zum Alten Testament, in Denken und Handeln der zentralen Gestalten darin, sehen wir den Weg zu Jesus Christus, den Weg zu dem Judenkönig.

Das ist das Urverständnis Jesu, über die Urgemeinde, die jüdisch war, über das Neue Testament, das zum guten Teil von Juden gegeben ist. Und wenn wir zurückschauen zur Urkenntnis Jesu, gehen wir vorwärts zu dem tiefsten Verständnis, wie er ist, einem Verständnis, das ständig durch sogenannte wissenschaftliche Theologie in Frage gestellt wird, weil das nicht wissenschaftlich zu beweisen ist.

Und er wandte sich von ihnen und weinte.

Wie oft weint Josef in diesem Geschehen. Ich kann mich gut erinnern: Nach einem Vortrag sagte ein junger Mann: »Ich werde morgen abend mit jungen Männern reden. Ich will, daß Sie mir eines sagen, was für sie wichtig ist.« Und ich habe geantwortet: »Sagen Sie ihnen, daß Weinen nicht nur weiblich, sondern wenn man tief bewegt ist, auch männlich ist. Das ist biblisch.«

Wer hat sich dagegen absolut gesträubt? Hitler, mit seiner Verfälschung der Männlichkeit. Waren die männlich, Hitler und seine Schergen? »Ein Deutscher wird nie krank«, diese falsche Art von Tapferkeit! War das männlich und von großer Tapferkeit, unschuldige, wehrlose Menschen umzubringen mit Gewehren, sie zu lästern und zu verfolgen? Ist das männlich und tapfer? Nein!

Weinen dürfen wir, weil das natürlich ist, wenn wir zutiefst bewegt sind. – Nicht daß wir ständig weinen, das wäre weichlich und nicht gut. – Das würde mancher Ehe und der Beziehung zum anderen Geschlecht viel helfen. Denn wenn wir uns geben, als ob wir ohne Gefühle seien, dann zeigen wir zum einen nicht, wie wir sind, und dann haben wir kein Mitgefühl für unsere Frau, wenn sie weint, wenn sie irgendwo stark betroffen ist. Das Ventil »Weinen« haben auch wir Männer von Gott, unserem Schöpfer, und wir lesen in der Bibel, daß sogar Jesus weinte. Unter uns Juden gilt es sehr wohl als männlich, wenn man weint um wesentliche Dinge. Als ich wieder in meine Heimatstadt Scarsdale in New York kam, mit meiner guten Frau zur Seite, hörte ich dort eine Predigt über meinen Tauftext (Johannes 3: über den Heiligen Geist, Nikodemus und das Geborensein aus dem Geist). Als dieser Text in meiner Muttersprache so biblisch ausgelegt wurde, fing ich an zu weinen. Für mich war das kein Zufall. Ich habe gedacht: Hier hat der Herr mich gerufen, aus meinen total anderen Familienumständen auf einen ganz anderen Weg in ein ganz anderes Land – ein bißchen ähnlich wie bei Josef. Und hierher muß ich nun zurückkommen, mit meiner guten Frau zur Seite, als

Christ, und ich höre gerade das Gotteswort hier, in meiner alten Heimat, die in diesem Moment eine neue Heimat geworden ist durch das Wort, die neue Familie! Ich war so betroffen, daß ich weinte. Und ich schämte mich nicht.

Als er sich nun wieder zu ihnen wandte und mit ihnen redete, nahm er aus ihrer Mitte Simeon und ließ ihn binden vor ihren Augen. Und Josef gab Befehl, ihre Säcke mit Getreide zu füllen und ihnen ihr Geld wiederzugeben, einem jeden in seinen Sack ...

Warum das Geld wiedergeben? Weil sie ihn für Geld verkauft haben, und dieses Geld wird verhängnisvoll für sie. Es wird ihre Vergangenheit noch deutlicher ans Licht bringen. Immer wieder, Schritt für Schritt, wird hier vergolten. Vergolten, nicht nur, um zu strafen, sondern in der Strafe ist die Reinigung. Wir wissen wohl über Verbrecher – ich habe bei einer berühmten Kriminologin gearbeitet –, daß sie diese Art von Vergeltung, von Strafe brauchen, damit sie sich dann sagen können: Jetzt ist es gutgemacht. Sonst fühlen sie sich immer noch belastet.

Wir wollen hoffen, daß wir diese Art von Strafe jetzt hier auf Erden bekommen und nicht später, wenn es zu spät ist, im Gericht.

... dazu auch Zehrung auf den Weg; und so tat man ihnen. Und sie luden ihre Ware auf ihre Esel und zogen von dannen. Als aber einer seinen Sack auftat, daß er seinem Esel Futter gäbe in der Herberge, sah er sein Geld, das oben im Sack lag, und sprach zu seinen Brüdern: Mein Geld ist wieder da, siehe, in meinem Sack ist es! Da entfiel ihnen ihr Herz, und sie blickten einander erschrocken an und sprachen: Warum hat Gott uns das angetan?

Gott hat ihnen das im positiven Sinn angetan, um zu vergelten, was sie getan haben, und sie damit zu reinigen. Das ist das Geld – zeichenhaft –, das sie bekommen haben für den Verkauf von Josef. Schritt für Schritt werden die Fehler, die wir gemacht haben, die Sünde, die wir getan haben, uns heimsuchen im Leben. Laßt uns dessen bewußt sein und davon lernen. Ja, der Herr hat das getan, und das ist gut so – durch Josef.

Als sie nun heimkamen zu ihrem Vater Jakob ins Land Kanaan, sagten sie ihm alles, was ihnen begegnet war, und sprachen: ...

Jetzt sagen sie ihm alles. Er brauchte keinen Kundschafter mehr, der Josef im Grunde genommen war, um herauszubekommen, was los ist, und alles zu sehen. Sie sind redlich, sie sind jetzt offen, sie erzählen die ganze Geschichte.

Der Mann, der im Lande Herr ist, redete hart mit uns und hielt uns für Kundschafter. Und wir antworteten ihm: Wir sind redlich und nie Kundschafter gewesen, sondern zwölf Brüder, unseres Vaters Söhne; einer ist nicht mehr vorhanden, und der jüngste ist noch bei unserem Vater im Lande Kanaan. Da sprach der Herr im Lande zu uns: Daran will ich merken, ob ihr redlich seid: einen eurer Brüder laßt bei mir ...

»Laßt bei mir« – wie Josef hingegeben war –, man kann sagen als Pfand für ihre Redlichkeit. Und: »Einer muß sterben für das Volk.« So sagte Ahitofel zu Absalom: »Bring David um.« Und so sagen die Hohenpriester: »Einer muß sterben für das Volk« – und sie reden prophetisch, wie es im Neuen Testament steht –, das gutzumachen, was falsch, was schlecht gemacht wurde, um die Sünde zu überwinden. Und dieser Eine, der starb für das Volk, dieser Vermittler, vorgedeutet in dem ungerechten Leiden Josefs, dieser Eine ist Jesus Christus.

Daran will ich merken, ob ihr redlich seid: einen eurer Brüder laßt bei mir und nehmt für euer Haus, wieviel ihr bedürft, und zieht hin und bringt euren jüngsten Bruder zu mir, so merke ich, daß ihr nicht Kundschafter, sondern redlich seid; dann will ich euch auch euren Bruder wiedergeben, und ihr mögt im Lande Handel treiben.

Josef will sehen, ob sie mit Benjamin umgehen, wie sie mit ihm umgegangen sind, ihrem Halbbruder, dem Jüngsten, dem Liebling des Vaters, den sie innerlich wahrscheinlich auch hassen.

Und als sie die Säcke ausschütteten, fand ein jeder seinen Beutel Geld in seinem Sack. Und als sie sahen, daß es die Beutel mit ihrem Geld waren, erschraken sie samt ihrem Vater.

Ihr Problem, ihr Verkauf, kommt zurück zu ihnen – ihr eigenes Geld.

Da sprach Jakob, ihr Vater, zu ihnen: Ihr beraubt mich meiner Kinder!

Und jetzt bekommen sie die Strafe von ihrem Vater, denn das ist richtig: Die Kinder wurden geraubt, Josef wurde geraubt von ihnen.

Josef ist nicht mehr da, Simeon ist nicht mehr da, Benjamin wollt ihr auch wegnehmen; es geht alles über mich.

Es ist zuviel, er kann das nicht mehr durchstehen. Jakob sieht, daß die ganze Verheißung Gottes, die ganze Kontinuität seiner eigenen Person und der Familie, daß das alles zunichte gemacht wird.

Ruben (der Redliche) *antwortete seinem Vater und sprach: Wenn ich ihn dir nicht wiederbringe, so töte meine zwei Söhne.*

Er steht ein für Benjamin, er gibt seine Söhne als Pfand für die zwei Söhne Jakobs, Simeon und Benjamin. Das bedeutet: Ich verstehe dich, Vater, und werde mich in deine Lage versetzen; wenn etwas passiert, wären deine und meine Söhne tot.

Gib ihn nur in meine Hand, ich will ihn dir wiederbringen. Er sprach: Mein Sohn soll nicht mit euch hinabziehen; denn sein Bruder ist tot, und er ist allein übriggeblieben. Wenn ihm ein Unfall auf dem Wege begegnete, den ihr reiset, würdet ihr meine grauen Haare mit Herzeleid hinunter zu den Toten bringen.

Zweite Reise der Söhne Jakobs nach Ägypten (1. Mose 43)

Die Hungersnot aber drückte das Land. Und als verzehrt war, was sie an Getreide aus Ägypten gebracht hatten, sprach ihr Vater zu ihnen: Zieht wieder hin und kauft uns ein wenig Getreide.

So wiederholt sich das Problem – bis Gott ans Ziel kommt, indem alles vergolten wird und indem Josef mit seinen Brüdern versöhnt wird.

Da antwortete ihm Juda ...

Juda ist gerade der, der Josef verkauft hat um Geld: »Wir wollen etwas davon haben.« Und die große Verheißung geht an Juda, an den Stamm, aus dem Jesus Christus kommt, der Held für die Heiden. Das steht in 1. Mose 49, Jakobs Segen. Und in diesem Segen steht auch eine Vordeutung auf Palmsonntag und Kreuz: reitend auf einem Esel, mit einem weinbeschmierten Kleid.

... und sprach: Der Mann schärfte uns das hart ein und sprach: Ihr sollt mein Angesicht nicht sehen, es sei denn euer Bruder mit euch.

Juda nennt die Sache beim Namen. Sie müssen Benjamin mitbringen. »Ihr sollt mein Angesicht nicht sehen« – es gibt eine Binde über den Augen der Juden bis Jesus wiederkommt. Und wenn Jesus wiederkommt, wird die Vereinigung der beiden Brüder, der beiden Bünde, stattfinden. Alter und Neuer Bund: Josef hier, vertreten durch die Juden, Josef, der den Segen bringt für die Brüder; denn der Segen wird über die Juden kommen, »Das Heil kommt von den Juden«, sagt Jesus, über jüdisches Leiden – und dann verbunden mit seinen Brüdern des Neuen Bundes (die ihn verfolgt haben), wenn das Angesicht gesehen wird, das bedeutet, wenn die Juden Jesus Christus sehen und erkennen.

Willst du nun unseren Bruder mit uns senden, so wollen wir hinabziehen und dir zu essen kaufen. Willst du ihn aber nicht senden, so ziehen wir nicht hinab. Denn der Mann hat zu uns gesagt: Ihr sollt mein Angesicht nicht sehen, euer Bruder sei denn mit euch.

Er pocht auf die Tatsache, daß Benjamin mitgebracht werden muß. Das ist wie der alte Juda: Wir müssen Benjamin da hinbringen – wie Josef hingebracht wurde –, damit wir unser Teil bekommen.

Israel sprach (das ist Jakob, der auch Israel heißt): *Warum habt ihr so übel an mir getan, daß ihr dem Mann sagtet, daß ihr noch einen Bruder habt?*

Das bedeutet, es ist viel besser, manche Dinge nicht zu sagen, Dinge, die man erlebt hat. Das ist der kluge Weltmann Jakob.

Sie antworteten: Der Mann forschte so genau nach uns und unserer Verwandtschaft und sprach: Lebt euer Vater noch?

Da sollten sie etwas bemerkt haben, mit »Lebt euer Vater noch?«

Habt ihr auch noch einen Bruder?

Vom Standpunkt der Brüder aus ist die Frage: Warum tut dieser Mann das? Wir aber wissen, warum Josef das fragt; es geht um seinen Vater und seinen Bruder Benjamin.

Da antworteten wir ihm, wie er uns fragte. Wie konnten wir wissen, daß er sagen würde: Bringt euren Bruder mit herab?
Da sprach Juda zu Israel, seinem Vater: Laß den Knaben mit mir ziehen, daß wir uns aufmachen und reisen und leben und nicht sterben, wir und du und unsere Kinder.

Hier geht es um das Überleben von Gottes Volk!

Ich will Bürge für ihn sein; von meinen Händen sollst du ihn fordern.

Hier macht Juda wieder gut, was er vorher übel getan hat. Er hat Josef verkauft, damit er etwas davon hat – und jetzt bürgt er für Benjamin. Deswegen kommt Jesus aus diesem Stamm Juda, denn er bürgt für uns alle, durch seinen Tod, als Vermittler, damit alle unsere Schuld und Sünde getilgt wird, bedeckt mit dem Kleid seiner Reinheit, dem blutbeschmierten Kleid Jesu. 1. Mose 49 über Juda, von dem Jesus stammt – bis hin zu dem Gekreuzigten mit dem blutbeschmierten Kleid – mit dem Blick zurück auf Josefs blutbeschmiertes Kleid.

Wenn ich ihn dir nicht wiederbringe und vor deine Augen stelle, so will ich mein Leben lang die Schuld tragen.

Jesus trug die Schuld nicht nur lebenslang, sondern ein für allemal für uns, durch sein Sterben am Kreuz. Hier sehen wir, warum er aus dem Hause und Geschlecht Juda kommt.

Denn wenn wir nicht gezögert hätten, wären wir wohl schon zweimal wiedergekommen. Da sprach Israel, ihr Vater, zu ihnen: Wenn es denn so ist, wohlan so tut's und nehmt von des Landes besten Früchten in eure Säcke und bringt dem Manne Geschenke hinab, ein wenig Balsam und Honig, Harz und Myrrhe, Nüsse und Mandeln.

Das erinnert sehr deutlich an die Weisen aus dem Osten, wie sie das Beste zu Jesus gebracht haben, als Anerkennung seiner Herrschaft, als dem König der Juden. Und hier ist die Anerkennung der Herrschaft Josefs, und zwar bei Josef in bezug auf die Heiden. Jesus ist auch der Heiden Heiland.

Nehmt auch anderes Geld mit euch, und das Geld, das ihr obenauf in euren Säcken wiederbekommen habt, bringt auch wieder hin. Vielleicht ist ein Irrtum da geschehen.

Jakob kann sich das nicht zusammenreimen. Er weiß nichts über die Vergeltung, die dahintersteckt. Aber sie müssen redlich handeln, und sie müssen auch Geschenke mitnehmen. Aber das ist auch der alte Jakob: Er versucht, den Mann durch Geschenke zu beschwichtigen; so hat er es versucht bei Esau. Und bedenken wir die negative Seite hier: Wie viele Menschen versuchen, was sie nicht recht gemacht haben gegenüber anderen, durch Geschenke im Grunde genommen gutzumachen. Und durch dieses Geschenkegeben kann es dann leicht zur Korruption kommen, die so verbreitet ist in unserer Gesellschaft. Das kommt aus dieser gleichen Art, diesem Gedankengang wie bei Jakob.

Dazu nehmt euren Bruder, macht euch auf und geht wieder zu dem

Manne. Aber der allmächtige Gott gebe euch Barmherzigkeit vor dem Manne, ...

Er redet als der Gesegnete, und er redet direkt in bezug auf seinen lebendigen Gott und seine Barmherzigkeit.

... daß er mit euch ziehen lasse euren andern Bruder und Benjamin. Ich aber muß sein wie einer, der seiner Kinder ganz und gar beraubt ist.

Ja, das tiefe Leiden Jakobs, in das er versetzt wird – alle diese Leiden, Josefs Leiden, Jakobs Leiden, die ganze Not Israels – ist auch Vordeutung im Alten Bund auf den Leidensbund des Neuen Bundes: »Nehmet und trinket, das ist mein Blut des neuen Bundes.«

Der Weg zu Gottes Himmelreich muß über Sühne gehen, über Jesus Christus, der uns alle versöhnt hat. Und wir leben in seiner Nachfolge. Die Zielsetzung ist nicht das Leiden, sondern die Überwindung des Leidens im Tausendjährigen Friedensreich und in seinem ewigen Reich. Aber der Weg dorthin ist Leiden; wie Hegel sagte: »Leiden macht einen Menschen zum Menschen.« Es läßt ihn reifen zum Menschen. Menschen, die immer bekommen, was sie haben wollen, werden verwöhnt. Und auch Christen, die immer Wunder verlangen und glauben, es sei gut, daß sie immer bekommen, was sie haben wollen – das ist nicht der Weg des Evangeliums, das ist nicht der biblische Weg. Der biblische Weg geht über Leiden. Und wir leiden vor allem an uns selbst. Das erleben die Brüder jetzt: Sie leiden an dem, was sie gegen Josef getan haben, denn das wird vergolten.

Da nahmen sie diese Geschenke und das doppelte Geld mit sich, dazu Benjamin, machten sich auf, zogen nach Ägypten und traten vor Josef. Als Josef sie sah mit Benjamin, ...

Benjamin, der Unschuldige, der leibliche Bruder!

... sprach er zu seinem Haushalter: Führe diese Männer ins Haus und schlachte und richte zu, denn sie sollen zu Mittag mit mir essen.

Denken wir hier nicht ein bißchen an den verlorenen Sohn? Diese Brüder sind auch verloren in ihrem Tun, aber es wird gut gegessen und es wird gefeiert. So ist das mit dem verlorenen Sohn im Neuen Testament.

Und der Mann tat, wie ihm Josef gesagt hatte, und führte die Männer in Josefs Haus. Sie fürchteten sich aber, weil sie in Josefs Haus geführt wurden, und sprachen: Wir sind hereingeführt um des Geldes willen, das wir in unseren Säcken das vorige Mal wiedergefunden haben; man will auf uns eindringen und über uns herfallen und uns zu Sklaven machen und uns die Esel nehmen.

Sie haben Angst, daß genau das mit ihnen passieren wird, was sie mit Josef bewußt gemacht haben, sie haben ihn als Sklave verkauft.

Darum traten sie zu Josefs Haushalter und redeten mit ihm vor der Haustür und sprachen: Mein Herr, wir sind das vorige Mal herabgezogen, Getreide zu kaufen, und als wir in die Herberge kamen und unsere Säcke auftaten, siehe, da war eines jeden Geld oben in seinem Sack mit vollem Gewicht. Darum haben wir's wieder mit uns gebracht, ...

Sie wollen im voraus nicht nur die Geschenke zeigen, sondern ihre Ehrlichkeit erweisen, daß ihnen nicht das Böse geschieht, ähnlich dem Bösen, das sie Josef angetan haben.

... haben auch anderes Geld mit uns herabgebracht, Getreide zu kaufen. Wir wissen aber nicht, wer uns unser Geld in unsere Säcke gesteckt hat.

Sie wollen zeigen, daß sie redlich sind; und das sind sie geworden.

Er aber sprach: Seid guten Mutes, fürchtet euch nicht!

»Fürchtet euch nicht!« Dieser Satz ist ein zentraler Satz in der Bibel. Die Furcht, die Angst vor dem, was uns passieren könnte – hier geht es um eine weltliche Gewalt, aber meistens geht es um eine göttliche Gewalt, um die Angst vor dem Gericht. Und dieses »Fürchtet euch nicht« zeigt den Weg zu Gottes Liebe. In Gottesfurcht, in Anerkennung seiner Herrschaft ist der Weg zu Gottes Liebe. So ist es hier vorgedeutet in diesem weltlichen Rahmen in bezug auf Josef.

Euer Gott und eures Vaters Gott hat euch einen Schatz gegeben in eure Säcke. Euer Geld habe ich erhalten. Und er führte Simeon zu ihnen heraus ...

Dem Haushalter wurde von Josef erzählt, was er getan hat; und Josef gibt ihm die Worte: Euer Gott und eures Vaters Gott hat euch einen Schatz gegeben in eure Säcke. Diese Aussagen sind ein bißchen verwickelt, aber da wird gezeigt: Hier sind Gottes Wege der Vergeltung, die sich jetzt im Wohltuen zeigen. Und da ist ein Schatz gegeben, und dieser Schatz wird die Befreiung Simeons sein und letzten Endes ihre eigene Befreiung, wegen ihrer Redlichkeit. Sie haben diese Prüfung bestanden, Schritt für Schritt. Wie sie Schritt für Schritt früher mit Josef so übel gehandelt haben.

... und brachte sie in Josefs Haus, gab ihnen Wasser, daß sie ihre Füße wuschen, und gab ihren Eseln Futter. Sie aber richteten das Geschenk zu, bis Josef mittags käme; denn sie hatten gehört, daß sie dort essen sollten. Als nun Josef ins Haus trat, brachten sie ihm das Geschenk ins Haus, das sie mitgebracht hatten, und fielen vor ihm nieder zur Erde.

Nochmals die Erfüllung dieser Träume, die Josef hatte, die Josef jetzt sehr bewußt sind und die ihnen jetzt auch bewußt werden.

Er aber grüßte sie freundlich und sprach: Geht es eurem alten Vater gut, von dem ihr mir sagtet? Lebt er noch?

Hier wird Josef das erste Mal persönlich. Zuerst grüßte er sie *freundlich* – »fürchtet euch nicht« –, dann redet er persönlich über den alten Vater. Jetzt müßten sie anfangen zu überlegen: Was ist eigentlich los mit diesem Mann?

Sie antworteten: Es geht deinem Knechte, unserem Vater, ...

»Deinem Knechte« – ja, er wird Josefs Knecht sein. Mond wie auch die Sonne (die Sonne ist der Vater, Jakob, der Mond die Mutter, und dann die elf Brüder die Sterne).

... gut, und er lebt noch. Und sie verneigten sich und fielen vor ihm nieder.

Die Wiederholung dieser erfüllten Träume.

Und er hob seine Augen auf ...

»Ich hebe meine Augen auf zu den Bergen« – ständig, »er hob seine Augen auf«, so heben die Brüder ihre Augen auf, als sie Josef umbringen wollen, und sehen die Midianiter und kommen auf den Gedanken: Wir verkaufen ihn, wir bringen ihn nicht um. »Aufheben« zu einer tieferen, weiteren Wahrheit, der Wahrheit des Himmels.

... und sah seinen Bruder Benjamin, seiner Mutter Sohn, und sprach: Ist das euer jüngster Bruder, von dem ihr mir sagtet? Und sprach weiter: Gott sei dir gnädig, mein Sohn! Und Josef eilte hinaus, denn sein Herz entbrannte ihm gegen seinen Bruder, und er suchte, wo er weinen könnte, und ging in seine Kammer und weinte daselbst.

Nochmals dieses Weinen! Das kommt immer wieder vor bei Josef, auch bei David. Das sind sehr tief gefühlsbetonte Menschen, auch wenn sie sehr kluge Menschen sind. Das ist kein Widerspruch, Klugheit und tiefe Gefühle. Die Frage ist, wie man das zusammenbringt. Man braucht die Intelligenz, um das Gefühlsleben in Ordnung zu bringen; und man braucht das Gefühl, das die Gedanken erfüllt mit tieferem Sinn und tieferem Erleben. Der Herr hat Leib, Geist und Seele geschaffen. Geist und Seele hier als eine Einheit mit dem Leib. Und es ist sehr männlich zu weinen, wenn man zutiefst bewegt ist.

Und als er sein Angesicht gewaschen hatte, ging er heraus und hielt an sich und sprach: Legt die Speisen auf! Und man trug ihm besonders auf und jenen auch besonders und den Ägyptern, die mit ihm aßen, auch besonders.

Es wird ein besonderes Essen, wie bei der Heimkehr des verlorenen Sohnes. Das ist genau, was hier geschieht. Die Wiederherstellung der verlorenen Brüder, das wird jetzt gefeiert.

Denn die Ägypter dürfen nicht essen mit den Hebräern; denn es ist ein Greuel für sie.

Sehr interessant – denn die Juden dürfen später, als sie abgesondert sind durch das Reinheitsgesetz, die Mahlzeit nicht mit

Heiden halten. Sie kennen die Geschichte von dem Hauptmann von Kapernaum: Ein Jude darf nicht unter das Dach eines Heiden gehen; das verunreinigt ihn.

Auch dieses Problem: Für die Heiden sind die Juden unrein; und dann sind für die Juden die Heiden unrein; und im Laufe der Kirchengeschichte sind die Juden nochmals etwas Unreines für die Heiden geworden, unrein im Geist, weil sie Jesus nicht angenommen haben. Hier ist eine sehr merkwürdige Entwicklung: Zuerst sind die Juden unrein für die Heiden, dann sind die Heiden unrein für die Juden, und dann ändert sich das wieder, daß die Juden unrein sind für die reingemachten Heiden in Jesu Blut. Immer wieder dieses Problem: rein und unrein. Denn die wahre Reinheit sind letzten Endes nicht alle diese Gesetze, sondern die wahre Reinheit ist Jesus Christus selbst.

Und man setzte sie ihm gegenüber, den Erstgeborenen nach seiner Erstgeburt und den Jüngsten nach seiner Jugend. Darüber verwunderten sie sich untereinander.

Genau in der Reihenfolge – die war sehr klar von Josef geordnet. Und das ist das Gesetz: Der erste ist der wichtigste, und Ruben war der Redlichste unter ihnen, aber er ist nicht der Erbe, wie wir wissen.

Und man trug ihnen Essen auf von seinem Tisch, aber Benjamin bekam fünfmal mehr als die andern. Und sie tranken und wurden fröhlich mit ihm.

Hier ist, wie bei der Heimkehr des verlorenen Sohnes, ein großes Treffen. Bis jetzt hat Josef sich nicht zu erkennen gegeben. Aber sie müssen sehen, daß etwas besonders ist in Beziehung zu diesem Benjamin.

Josefs Brüder werden hart geängstigt (1. Mose 44)

Und Josef befahl seinem Haushalter und sprach: Fülle den Männern ihre Säcke mit Getreide, soviel sie fortbringen, und lege jedem sein Geld oben in seinen Sack.

Genau das gleiche wie beim ersten Mal wiederholt sich.

Und meinen silbernen Becher lege oben in des Jüngsten Sack ...

Dieser Becher hat anscheinend auch seine Wichtigkeit: Der Pharao trank aus einem goldenen Becher. Josef war der zweite Mann im Reich, ihm gehörte der silberne Becher.

Und »in des Jüngsten Sack«, das ist in Benjamins Sack.

... mit dem Gelde für das Getreide. Der tat, wie ihm Josef gesagt hatte.

Nochmals die alte Geschichte. Die Brüder Josefs werden sehr hart geprüft.

Am Morgen, als es licht ward, ließen sie die Männer ziehen mit ihren Eseln. Als sie aber zur Stadt hinaus waren und noch nicht weit gekommen, sprach Josef zu seinem Haushalter: Auf, jage den Männern nach, und wenn du sie ereilst, so sprich zu ihnen: Warum habt ihr Gutes mit Bösem vergolten?

»Gutes mit Bösem vergolten.« Genau das Gegenteil wird Josef tun. Er wird Böses, was die Brüder ihm angetan haben, mit Gutem vergelten.

Warum habt ihr den silbernen Becher gestohlen?

Hier sehen wir eine sehr merkwürdige Wiederholung. Zum Beispiel bei dem Jakobsgeschehen, als seine Lieblingsfrau Rahel den Hausgötzen mitgenommen hat und sich darauf setzte, daß ihr Vater Laban ihn nicht fände. Aber hier ist es bewußt eine Probe für sie.

Ist das nicht der, aus dem mein Herr trinkt und aus dem er wahr-

sagt? Ihr habt übel getan. Und als er sie ereilte, redete er mit ihnen diese Worte. Sie antworteten ihm: Warum redet mein Herr solche Worte? Es sei ferne von deinen Knechten, solches zu tun. Siehe, das Geld, das wir fanden oben in unseren Säcken, haben wir wiedergebracht zu dir aus dem Lande Kanaan.

Das ist eine sehr logische Antwort. Das gleiche ist letztes Mal auch passiert, und statt daß wir das für uns behalten, haben wir das zurückgebracht. Wir sind redliche Leute. Alles wird vergolten und damit gutgemacht.

Wie sollten wir da aus deines Herrn Hause Silber oder Gold gestohlen haben?

Hier geht es nicht um Gold, sondern um etwas weniger, um Silber. Aber hier lesen wir vom Wahrsagen Josefs, das meint seine Gabe, Träume zu deuten.

Bei wem er gefunden wird unter deinen Knechten, der sei des Todes; dazu wollen auch wir meines Herrn Sklaven sein.

Nochmals übernehmen sie die Verantwortung: Wo er gefunden wird, der wird des Todes sein, und wir werden des Herrn Sklaven sein. Nochmals Vergeltung, denn sie haben Josef verkauft als Sklave.

Er sprach: Ja, es sei, wie ihr geredet habt. Bei wem er gefunden wird, der sei mein Sklave, ihr aber sollt frei sein.

Sklave – nur einer wird Sklave sein, wie Josef, nur einer.

Und sie legten eilends ein jeder seinen Sack ab auf die Erde, und ein jeder tat seinen Sack auf. Und er suchte und fing an beim Ältesten bis hin zum Jüngsten. Da fand sich der Becher in Benjamins Sack. Da zerrissen sie ihre Kleider, und ein jeder belud seinen Esel, und sie zogen wieder in die Stadt.

Sie zerreissen ihre Kleider als Zeichen des Entsetzens. Und jetzt kommt natürlich Juda an die Reihe, denn er hat seinem Vater versprochen, Benjamin wohlbehalten zurückzubringen.

Und Juda ging mit seinen Brüdern in Josefs Haus, denn er war noch dort. Und sie fielen vor ihm nieder auf die Erde.

Stehendes Motiv – die Macht Josefs über sie; die Macht des Herrn über alle.

Josef aber sprach zu ihnen: Wie habt ihr das tun können? Wußtet ihr nicht, daß ein solcher Mann, wie ich bin, wahrsagen kann?

Sehr interessant: Sie haßten ihn wegen seiner Träume, das hat mit Traum und Traumdeutung zu tun, mit Wahrsagen. Josef hat die prophetische Gabe, das ist eine Gabe der Juden. Mit Okkultismus hat das hier nichts zu tun.

Juda sprach: Was sollen wir meinem Herrn sagen, oder was sollen wir reden, und womit können wir uns rechtfertigen? Gott hat die Missetat deiner Knechte gefunden. Siehe, wir und der, bei dem der Becher gefunden ist, sind meines Herrn Sklaven.

Juda sagt: Es gibt keine Antwort, wir können uns nicht rechtfertigen. Natürlich versteht er das alles nicht, denn sie haben den Becher nicht gestohlen.

Er aber sprach: Das sei ferne von mir, solches zu tun! Der, bei dem der Becher gefunden ist, soll mein Sklave sein; ihr aber zieht hinauf mit Frieden zu eurem Vater.

Genau das gleiche wie bei Josef. Einer wird als Sklave genommen und die anderen kommen frei, mit ihrem Geld und allem. Genau das, was sie Josef getan haben. Da wird ihnen ein Spiegel vorgehalten. Wie später die Baalspriester, die hinken, wenn sie tanzen, ein Spiegel sind vor den Augen Israels für dessen eigene Schuld, denn Israel hinkt zwischen dem wahren Gott und Baal. Das ist eine Methode in der Bibel, daß einem der Spiegel der eigenen Schuld vor Augen gestellt wird.

Schauen Sie ins Jona-Buch, wo die Heiden besser reagieren als Jona; und wie Jona total versagt, indem er unbedingt will, daß Gott vergilt und die Heiden richtet, obgleich die sogar Buße getan haben. Damit wird Israels Haß gegen die Heiden damals gezeigt, zum Teil ein ungerechter Haß.

Die Bibel stellt uns unsere eigenen Probleme vor Augen, damit wir sie sehen können. Wie bei Petrus, der zurückging zum See Genezareth, nachdem er zweimal den auferstandenen Jesus gesehen hat. Er hört auf, ein Menschenfischer im Sinne der Berufung Christi zu sein, und wird ein Alltagsfischer. Er geht zurück in seine alte Welt und zu seinem alten Leben. Das Grundproblem wird hier gespiegelt, dieses Problem, das in ihm selbst steckt – deswegen kann er gar nichts fangen. Das ist seelsorgerlich so wichtig für uns, daß wir die Probleme sehen, unsere Probleme, und nicht ständig auf die Probleme anderer schauen. Der Herr will diese Probleme ans Licht bringen, um zu bereinigen. Und wenn Sünde bereinigt wird, dann ist sie vergeben. Das ist der Weg unseres Glaubens. Nicht ein Glaube aus Leistung und Werken, weil wir sehr unvollkommen sind. Unsere Werke sind alle zum Teil nicht in Ordnung.

Wer meint, durch Eigenappelle wie: »Ich will nicht sündigen, alles muß ganz in Ordnung sein« Vollkommenheit zu erreichen, verkennt, wie tief er in Schuld und Sünde steckt, in Gedanken, Worten und Werken. Sicher wollen wir so fromm und gut und gerecht leben wie möglich, aber wir sind nicht fromm und gut und gerecht. Und Gott hält uns ständig diesen Spiegel vor, damit wir das merken, denn wir leben aus Buße, nicht aus Werken. Buße – Jesu erste Predigt hatte sie zum Inhalt; Buße – Johannes der Täufer hielt darüber seine erste Predigt; Buße – die erste von Luthers 95 Thesen. Und das ist der Weg zur Freude, diese ganze Last loszuwerden! Das ist der Reinigungsprozeß, der jetzt stattfindet an Josefs Brüdern.

Da trat Juda zu ihm und sprach: Mein Herr, laß deinen Knecht ein Wort reden vor den Ohren meines Herrn, und dein Zorn entbrenne nicht über deinen Knecht, denn du bist wie der Pharao. Mein Herr fragte seine Knechte und sprach: Habt ihr noch einen Vater oder Bruder? Da antworteten wir: Wir haben einen Vater, der ist alt, und einen jungen Knaben, in seinem Alter geboren, und sein Bruder ist tot, und er ist allein übriggeblieben von seiner Mutter, und sein Vater hat ihn lieb. Da sprachst du zu deinen Knechten: Bringt ihn herab zu mir, ich will ihm Gnade erweisen. Wir aber antworteten meinem Herrn: Der Knabe kann seinen Vater nicht verlassen; wenn er ihn verließe, würde der sterben.

Da ist sehr ehrlich die ganze Geschichte deutlich gesagt worden. Und indem Juda das tut, wird dieser Prozeß der Vergeltung, der Reinigung, des Ans-Licht-Bringens immer deutlicher.

Da sprachst du zu deinen Knechten: Wenn euer jüngster Bruder nicht mit euch herkommt, sollt ihr mein Angesicht nicht mehr sehen. Da zogen wir hinauf zu deinem Knecht, meinem Vater, und sagten ihm meines Herrn Rede. Da sprach unser Vater: Zieht wieder hin und kauft uns ein wenig Getreide.

Hier erfährt Josef, durch die Art, wie er seine Brüder prüft, mehr und mehr, wie sich die Brüder verändert haben, wie das ist mit seinem Vater, wie das ist mit Benjamin. Er lernt die ganze Geschichte seiner Familie seit seinem Fortsein kennen, ohne daß sie wissen, daß er Josef ist. Es ist nicht nur Vergeltung, sondern es ist auch für Josef Klärung der Verhältnisse, wie sie jetzt sind. Denn er hat einem seiner Söhne diesen Namen gegeben, daß er den Vater, das Vaterhaus, die Heimat, daß er das alles vergessen habe. Es wird nicht vergessen, es wird wieder ans Licht gebracht werden.

Da sprach unser Vater: Zieht wieder hin und kauft uns ein wenig Getreide.

Manchmal führt die Not nicht nur zu positiven Entscheidungen, sondern kann alles mögliche ans Licht bringen. So wird es hier sein. Wir sollen auch wissen, wenn wir in Not sind, daß das auch mit Proben durch Gott zu tun hat.

Wir aber sprachen: Wir können nicht hinabziehen; nur wenn unser jüngster Bruder mit uns ist, wollen wir hinabziehen; denn wir dürfen des Mannes Angesicht nicht sehen, wenn unser jüngster Bruder nicht mit uns ist. Da sprach dein Knecht, mein Vater, zu uns: Ihr wißt, daß mir meine Frau zwei Söhne geboren hat; einer ging von mir, und ich mußte mir sagen: Er ist zerrissen. Und ich hab ihn nicht gesehen bisher.

Jetzt weiß Josef, was für Lügen die Brüder über ihn gesagt haben, als sie ihn verkauft hatten. Es ist wirklich ein großes Wunder von Gottes Gnade, daß Josefs Zorn nicht entbrannt ist wegen der Vergangenheit, sondern daß sein Blick in die Zukunft gerichtet ist in bezug auf Gottes Führung.

So soll es auch bei uns sein. Wir sollen lernen, den Menschen, die uns verletzt haben in der Vergangenheit, nicht zu begegnen mit der Zielsetzung, uns zu rächen, uns zu beweisen, daß wir recht haben und sie unrecht – das sagt Ruben in bezug auf seine Brüder.

Das wollen wir nicht tun. Natürlich tun wir das alle, weil wir sündige Menschen sind. Aber wir wollen lernen, auf die Zukunft zu schauen, einen neuen Weg zu sehen, der sich vielleicht öffnen wird, und auch Feinde möglicherweise unsere Freunde werden.

So haben viele Russen in der kommunistischen Zeit in Straflagern aus der Liebe Christi gelebt. Und was ist passiert? Die Verfolger, viele von denen, haben gemerkt: Hier ist ein tieferer und besserer Geist am Werk als der Geist des Hasses. Das ist der Weg, den wir uns vornehmen, und das ist der Weg Josefs. Dieser Weg ist auch ein Weg, den manche Juden bezeugt haben im Dritten Reich. Wie Rabbi Leo Baeck, einer der Großen. Als in Theresienstadt seine ganze Familie umgebracht, er aber befreit wurde, und die SS-Offiziere später umgebracht werden sollten, da sagte er: »Nein, bringt mich selbst um.« Es geht hier nicht um das persönliche Vergelten, nicht um die fleischliche Vergeltung – es ist der Prozeß der geistlichen Vergeltung.

Werdet ihr diesen auch von mir nehmen und widerfährt ihm ein Unfall, so werdet ihr meine grauen Haare mit Jammer hinunter zu den Toten bringen.

Das bedeutet, meine Zukunft wird eine Zukunft im Totenreich sein, nur eine Geschichte des Leidens. Alles, was vorher gemacht wurde, ist im Grunde genommen Nebensache, ich gehe am Schluß mit Leiden.

Aber es ist sehr interessant, wie dieses Bild – so negativ bei Jakob – in der Offenbarung zu einem positiven Bild wird: »Denn er wird alle Tränen abwischen.« Das bedeutet, das letzte, was wir Christen in der Verfolgungszeit, der antichristlichen Zeit erleben, sind nicht Hallelujas und große Siege, sondern tiefes, tiefes Leiden. Und dieses Leiden bringen wir mit in den Tod, aber in den Tod der Erlösung von allen Leiden: »Er wird alle Tränen abwischen.«

Nun, wenn ich heimkäme zu deinem Knecht, meinem Vater, und der Knabe wäre nicht mit uns, an dem er mit ganzer Seele hängt, ...

Und natürlich, als diese Geschichte erzählt wird, denkt Josef nicht nur an seinen Bruder Benjamin und an seinen Vater, sondern auch an sich selbst und was für schreckliche Dinge die Brüder ihrem Vater angetan haben durch ihr Handeln an ihm. Nochmals, was für ein Wunder ist das, daß Josefs Gedanken, seine Wege ganz anders gelenkt sind, und zwar aus der Gnade des Herrn, der Kraft der Vergebung.

Wenn Jesus gefragt wird, wie oft man vergeben soll, und er nennt eine fast unendliche Zahl, gehört er im tiefsten in eine jüdische Tradition der Vergebung. Ich habe mit jemandem gesprochen, der viel in Israel war, und er sagte: »Sogar vor zwanzig Jahren, als ich dort war und mit vielen Juden sprach, war es nicht zu erklären, wie positiv sie zu uns Deutschen standen.« Diese Tradition Jesu ist tief verankert im jüdischen Volk, die Tradition der Vergebung, trotz schlechter Behandlung.

Die Frage ist: Ist das so tief verankert unter uns Christen? Wer lebt näher zu Jesus durch die ganze Geschichte, mit allen den Kriegen der Christen gegeneinander – Gott strafe England – Gott strafe Deutschland – Gott strafe Rußland usw.? Ich wurde als Jude so erzogen, wenn ich Probleme habe, die Probleme bei mir selbst zu sehen und nicht bei den Menschen, die mir dieses Problem verursacht haben. Ich glaube, wir sollten verstehen, daß Jesus als Vollendung in eine große und tiefsinnige jüdische Tradition – biblische Tradition – gehört. Und hier ist Josef eine zentrale Vordeutung.

... so wird's geschehen, daß er stirbt, wenn er sieht, daß der Knabe nicht da ist. So würden wir, deine Knechte, die grauen Haare deines Knechtes, unseres Vaters, mit Herzeleid hinunter zu den Toten bringen.

Und das war natürlich die Auswirkung dessen, was mit Josef passiert ist. Mit der Zeit ist Gras darüber gewachsen, aber Jakob vergißt das nicht und ist innerlich bereits teilweise »gestorben«.

Denn ich, dein Knecht, bin Bürge geworden für den Knaben vor meinem Vater und sprach: Bringe ich ihn dir nicht wieder, so will ich mein Leben lang die Schuld tragen.

Jetzt sehen wir sehr deutlich, daß in der tiefen Schuld Judas, der Josef verkauft hat (»Was haben wir davon, ihn zu töten? Wir wollen auch Geld dafür kriegen.«), der in allem berechnend und ganz übel war, daß gerade dieser Juda eine totale Umkehr vollzieht. Er bürgt für den Knaben; er will die Schuld sein Leben lang tragen.

Und dieser Weg des Schuldtragens, des Bürgens für den anderen ist der Weg, der zu Jesus Christus führt. Und deswegen ist dieser Jakobsegen so zentral (1. Mose 49): »Juda, du bist der Held für die Heiden.« Das bedeutet: Aus ihm wird der Messias, Jesus Christus, kommen; und Juda ist dann der größte Stamm Israels gewesen.

Darum laß deinen Knecht hier bleiben an des Knaben Statt als Sklaven meines Herrn und den Knaben mit seinen Brüdern hinaufziehen.

Und genau der, der Josef verkauft hatte in die Sklaverei, er wird dann Bürge sein für seinen Bruder, an seiner Statt. Und jetzt ist alles versöhnt; jetzt ist alles vergolten; jetzt ist alles im reinen.

Lassen wir den Herrn an uns wirken, durch unser schlechtes Gewissen wirken, denn das ist der Ruf des Herrn; bringen wir unser Leben ins reine, denn das ist der Weg Jesu Christi für uns, der Weg der Versöhnung durch seinen Kreuzestod.

Denn wie soll ich hinaufziehen zu meinem Vater, wenn der Knabe nicht mit mir ist? Ich könnte den Jammer nicht sehen, der über meinen Vater kommen würde.

Josef gibt sich seinen Brüdern zu erkennen (1. Mose 45)

Da konnte Josef nicht länger an sich halten vor allen, die um ihn her standen, und er rief: Laßt jedermann von mir hinausgehen! Und stand kein Mensch bei ihm, als sich Josef seinen Brüdern zu erkennen gab.

Dieser tief bewegte Josef – bewegt, weil die ganze Problematik an sich jetzt versöhnt ist, denn er hat die Brüder in die gleiche Lage gebracht, in die sie ihn gebracht hatten, jetzt Benjamin gegenüber. Und gerade der, der ihn verkaufte, steht jetzt für den Bruder ein und nimmt die ganze Schuld und Bürde auf sich, Juda. Josef sieht, seine Brüder haben sich geändert; es kann alles versöhnt werden. Er kann sich nicht mehr beherrschen, seine innere Gefühlswelt wird zu stark in ihm, denn er sieht noch mehr als das – Gottes Wirken.

Und er weinte laut, daß es die Ägypter und das Haus des Pharao hörten, ...

Alle gehen hinaus, aber trotzdem überspringt das starke Gefühl dieses Mannes die Grenze. Etwas sehr Besonderes ist jetzt geschehen.

... und sprach zu seinen Brüdern: Ich bin Josef. Lebt mein Vater noch?

Denken Sie, was das jetzt bedeutet für die Brüder! Die Brüder haben immer mehr ihre eigene Problematik, ihre eigene Schuld vor Augen erlebt. Sie wissen nicht, was jetzt wird. Wird Juda angenommen als Sklave, wird er die Bürde übernehmen, die ganze Schuld seiner Brüder? Was wird passieren mit ihnen? Wer ist dieser merkwürdige Mann mit Vollmacht? Warum behandelt er uns so? Er behandelt die anderen nicht so. Wir wissen nicht, psychologisch, was da vorgeht. Die Bibel ist kein psychologisches Buch in dieser Art, daß sie immer das Gefühl des Menschen, die Gedanken des Menschen zeigen will. Wohl manche Gefühle – das Weinen hier –, aber die vielschichtige Entwicklung, was in ihnen vorgeht, wissen wir nicht. Wir wissen nur, daß sie in schrecklicher Angst sind. Wir wissen, daß sie merken, daß die Not, in der sie jetzt stehen, direkt in Verbindung steht mit dem, was sie Josef angetan haben. Das wissen sie sehr genau. Aber dann plötzlich zu merken: Josef lebt! Da denken sie sofort: »Was, er lebt, den wir umbringen wollten, den wir verkauft haben! Jetzt bricht alles über uns herein. Er hat das Recht, uns nicht nur psychisch zu quälen – so muß das aus ihrer Sicht jetzt ausgesehen haben –, sondern uns auch fleischlich zu töten.

Ich bin Josef. Lebt mein Vater noch?
Er redet jetzt über seinen Vater.

Und seine Brüder konnten ihm nicht antworten, so erschraken sie vor seinem Angesicht.

Bisher hatten sie ihn nicht erkannt – wie auch die Jünger den auferstandenen Christus zunächst nicht erkannten. Ja, sie sind total erschreckt, erschreckt über das, was sie getan haben, erschreckt über die Macht, die ihr Bruder hat, erschreckt über das, was vielleicht auf sie zukommt. – »Fürchte dich nicht.«

Er aber sprach zu seinen Brüdern: Tretet doch her zu mir! Und sie traten herzu. Und er sprach: Ich bin Josef, euer Bruder, den ihr nach Ägypten verkauft habt.

Gerade weil er nicht nur den Namen bezeugt, sondern was mit ihm geschehen ist, wissen sie jetzt, daß er kein Geist ist, kein Märchenerzähler, daß er tatsächlich ihr Bruder Josef ist. Denken Sie, wie plötzliche Überraschungen dieser Art unser Bewußtsein ändern.

Ich habe in der Zeitung gelesen über die amerikanische Außenministerin, Madeleine Albright, wie sie geglaubt hat, daß sie als tschechische Katholikin erzogen wurde, daß ihre Großeltern in der Kriegszeit gestorben sind, und plötzlich erfuhr sie, daß drei ihrer Großeltern Juden waren und im Holocaust umgebracht wurden. Plötzlich merkte sie, daß sie jüdischer Herkunft ist. Ihre ganze Geschichte ist neu zu verstehen; ein neuer Sinn der Wirklichkeit, ein neuer Sinn der Identität, eine neue Art, alles zu überlegen: Was für Führungen, was für eine Vergangenheit?

So geht es jetzt den Brüdern Josefs. Und vor allem haben sie Angst: Was wird mit uns geschehen? Josef hat totale Macht, und er hat ganz recht, uns zu vergelten.

Und nun bekümmert euch nicht und denkt nicht, daß ich darum zürne, daß ihr mich hierher verkauft habt; denn um eures Lebens willen hat mich Gott vor euch hergesandt.

Dieser sehr tiefe Sinn! Er weiß, daß das sehr übel ist, was die Brüder getan haben. Das ist keine Rechtfertigung ihres Tuns. Das wird alles vergolten durch das, was sie jetzt im Geist erlebt haben durch Josefs Prüfung. Aber hier ist eine viel größere und tiefere Schau der Wirklichkeit – Wahrsagung im Sinne Gottes, der prophetische Sinn von Gottes heilsgeschichtlichem Plan. Was da alles geschieht auf der menschlichen Ebene ist nicht das Entscheidende. Entscheidend ist, was auf der göttlichen Ebene geschieht.

... denn um eures Lebens willen hat mich Gott vor euch hergesandt.

Sie wären alle verhungert in Kanaan, und das Volk Israel wäre ausgelöscht. Aber Israel ist Gottes auserwähltes Volk, und er sorgt für dieses Volk. Auch wenn er den Isaak verlangte – und das hätte auch bedeutet, daß das Volk keine Zukunft hat. Er sorgt für dieses Volk. Das bedeutet, jede Unterdrückung, jeder Versuch – wie im Buch Ester beschrieben, wie das bei Hitler war –, jeder Versuch, mein Volk umzubringen, wird nicht gelingen, denn das ist Gottes Volk; und er bürgt für dieses Volk. Und wir Christen sollen das nicht nur wissen in bezug auf Israel – das sollen wir endlich im tiefsten wissen und lernen: Zu diesem Weg gehören auch wir um Christi willen. Nach Römer 11 ist das so, aber nur, wenn wir Römer 11 akzeptieren: daß wir zum gleichen Baum gehören, daß wir mit den Juden zusammengehören.

... denn um eures Lebens willen hat mich Gott vor euch hergesandt.

Das bedeutet keine Entschuldigung für ihr schlechtes Tun, aber der Herr kommt ans Ziel, auch durch schreckliche Ungerechtigkeit. Durch die schreckliche Verfolgung und Ermordung der Juden ist das Volk Israel, nach Hesekiel 37, zurückgekommen ins

Land, in Vorbereitung auf die Ankunft des Messias und der messianischen Zeiten. Das ist keine Entschuldigung für Hitler und seine Schergen – genau im Gegenteil! Aber Gottes Weg ist vollendet worden, so schrecklich dieser Weg war und ist, so unmenschlich, wie es uns scheint. Nein, das ist dennoch göttlich. Und diese Pogrome, die wir Juden in Rußland erlebt haben, Ende des 19. Jahrhunderts, wo so viele Juden gestorben sind und schreckliches Leiden erlebt haben; sie haben die Juden gezwungen auszuwandern, nach Israel (die 1. Aliyah), nach Amerika, nach England. Und wenn diese schrecklichen Leiden nicht geschehen wären, hätte Hitler nicht sechs Millionen umgebracht, sondern vielleicht zwölf Millionen Juden – und es würde kaum noch Juden auf dieser Welt geben. Gottes Wege, seine heilsgeschichtlichen Wege, sind wunderbar und geheimnisvoll, und nur im Rückblick können wir diese Wege, was er getan hat, erahnen. Er heißt Jahwe, der Herr der Geschichte, der seiende, wirkende Gott.

Und machen Sie sich Gedanken über Ihr eigenes Leben: Öfters führt gerade der Weg durch Not, durch Leiden zur Erlösung in Christus, denn unser Herr ist ein Leidensherr. Seine Erhöhung ist nicht die Auferstehung, sondern das Kreuz.

Kommen wir weg von diesem Ruf: »Gib mir, was ich haben will! Heile mich! Tu mir dies und das! Gib mir Gaben! usw.« Das ist nicht der Ruf des Evangeliums. Der Ruf des Evangeliums lautet anders: »Ob ein Gutes oder Leides, ich bin vergnügt, daß beides, aus deinen Händen quillt.« Beten Sie täglich um die Kraft, das anzunehmen, was der Herr Ihnen aufgeladen hat, denn das ist gut für Sie. Und solches ist gut für mich. Das ist es, was die Bibel uns ständig bezeugt. Menschen kommen nicht zum Glauben durch Freude an der Natur, durch menschliche Liebe und so etwas, so schön das ist und auch den Glauben vertiefen kann. Menschen kommen zum Glauben, weil sie geschlagen sind, weil sie gelitten haben, weil ihr ganzes Leben, ihre Sicht, in Frage gestellt wird.

So ist es den Emmaus-Jüngern geschehen, auch sinnbildlich für uns. Denn sie haben eine andere Vorstellung – wie alle Juden – was Jesus, was der Messias tun sollte, nach ihrer Auffassung! Das bedeutet, er sollte Israel mit Macht und Gewalt erlösen von den Römern, wie Mose von dem Pharao, und das Tausendjährige Friedensreich ausrufen für die ganze Welt und für alle Völker. Das passiert bei der Wiederkunft Jesu! Die Emmaus-Jünger haben unterwegs mit Jesus Schritt für Schritt gelernt, daß ihre Sicht der Dinge nicht die richtige war, und daß Jesus einen anderen Weg hat.

Und so müssen auch wir lernen. Wir müssen lernen, unsere Art, unsere Sicht in Frage zu stellen. Denn wir wollen immer gesund werden, wir wollen immer schöpferisch werden, wir wollen dies und wollen jenes. Und wenn wir immer bekämen, was wir haben wollen, wäre das nicht gut für uns. Wir sind unser schlimmster Feind, Jesus ist unser bester Freund. Das sieht Josef in seiner Schau von dem Gott Israels und seinem geschichtlichen Handeln. Das sollen wir von ihm lernen.

Denn es sind nun zwei Jahre, daß Hungersnot im Lande ist, und sind noch fünf Jahre ...

Immer wieder kommt diese Fünf vor!

... fünf Jahre, daß weder Pflügen noch Ernten sein wird. Aber Gott hat mich vor euch hergesandt, daß er euch übriglasse auf Erden und euer Leben erhalte zu einer großen Errettung.

Der Herr hat Josef vorausgeschickt nach Ägypten, daß das Volk auf Erden bleiben könnte zu einer großen Errettung. Und so hat er Jesus vorausgeschickt, als das Volk Israel und seine Jünger das nicht verstanden haben und nicht annehmen wollten, damit der Weg des Heils – nicht nur die Erhaltung auf Erden, sondern das Heil für seine Zukunft, für sein Reich –, die allergrößte Errettung vorbereitet würde.

Aber Gott hat mich vor euch hergesandt, daß er euch übriglasse auf Erden und euer Leben erhalte zu einer großen Errettung. Und nun, ihr habt mich nicht hergesandt, sondern Gott; ...

»Ihr habt mich nicht hergesandt, sondern Gott« – was bedeutet das letzten Endes? Erst einmal, sie sind böse – aber auch das Böse muß letzten Endes Gottes Heilsplan dienen. Auch wenn sie das nicht im Sinne haben und nicht wollen! Wer hat Jesus ans Kreuz genagelt? Der Satan. Und wer kommt ans Ziel? Jesus. Jesaja 30: Die Zeit eilt immer schneller am Ende der Tage, damit wir wenig Zeit haben nachzudenken, inniglich mit Christus zu leben. Und das ist Satans Werk. Aber wenn die Zeit nicht verkürzt würde, würden alle vom Glauben wegfallen. Das bedeutet: Auch die Feinde Gottes müssen Gottes Heilsplan dienen, was sie sicher nicht wollen. Das ist keine Entschuldigung für sie, keine Rechtfertigung ihres Tuns; es zeigt nur die Größe der Macht unseres Herrn und Gottes.

Und nun, ihr habt mich nicht hergesandt, sondern Gott; der hat mich dem Pharao zum Vater gesetzt und zum Herrn über sein ganzes Haus und zum Herrscher über ganz Ägyptenland.

So ist Jesus als König der Juden eingesetzt, und in der ganzen heidnischen Welt wird sein Angebot des Heils vorhanden sein. Das ist vorgedeutet unterm Kreuz, indem vier Heidenknechte das Los werfen um Jesu Gewand. Das bedeutet, daß das Heil in alle vier Himmelsrichtungen zu den Heiden gehen wird. Das steht sehr deutlich in dem großen Kreuzespsalm 22, daß es keine Grenze geben wird für dieses Heil; es gilt allen Völkern aller Zeiten als Angebot.

Eilt nun und zieht hinauf zu meinem Vater und sagt ihm: Das läßt dir Josef, dein Sohn, sagen: Gott hat mich zum Herrn über ganz Ägypten gesetzt; komm herab zu mir, säume nicht!

Josef bezieht sich auf den, zu dem er am nächsten steht. Erst war das sein jüngerer Bruder, und jetzt in bezug auf seinen trauernden Vater. Er ist der Lieblingssohn; und der Sohn will zeigen: Gott hat das alles getan, mich über ganz Ägypten gesetzt! Das bedeutet nicht nur das Überleben des eigenen Volkes, sondern die Herrschaft über das heidnische Volk. So wird Jesus Christus dann zum Heiden-Heiland; und ihm wird dann die Herrschaft über die ganze Welt gegeben. Eine Herrschaft, die er nicht aus Satans Hand nimmt, sondern aus der Hand seines himmlischen Vaters.

Du sollst im Lande Goschen wohnen und nahe bei mir sein, du und deine Kinder und deine Kindeskinder, dein Kleinvieh und Großvieh und alles, was du hast.

Das ist das Gegenteil von der Landverheißung, das bedeutet, sie sollen weggehen von Israel. Wo doch die Zielsetzung Gottes, ein Teil des vierfachen Segens an Abraham, Isaak und Jakob, die Landnahme ist. Und hier werden sie herausgeholt aus einem unfruchtbaren Land. Das ist auch eine Vordeutung der Diaspora, daß die Juden dann unter allen Völkern leben werden. Deswegen wird Josef nicht als einer der Erzväter genannt. »Der Gott Abrahams, Isaaks und Jakobs« – der vierfache Segen, der ihnen gegeben und dann am Schluß bei Jakob sehr deutlich wiederholt wird, bei Josef findet er sich nicht mehr. Zwar rettet er das Volk, daß das Volk ein großes Volk wird, auch ein Teil des vierfachen Segens. »Wer dich segnet, den werde ich segnen« – das ist den Ägyptern durch Josef passiert. Auch ist er eine Vordeutung des Messias in diesem Sinne, in seinem Tun. Aber hier ist das Volk nicht am Ziel, nicht im Land; es ist aus dem Land weggebracht. Und es wird später einen Pharao geben, der Josef nicht mehr kennt; und Ägypten wird zum Land der Unterdrückung werden. Das ist die Lage der Juden in der Diaspora, beides, Unterdrückung und zum Teil auch Errettung.

Ich will dich dort versorgen, denn es sind noch fünf Jahre Hungersnot, ...

Diese Fünf nochmals, wie Benjamin fünfmal mehr zu essen bekam als die anderen. Vielleicht steht das in Beziehung dazu, daß er ans Ziel kommt mit noch fünf Jahren Hungersnot. Vielleicht deswegen diese Betonung auf fünf. Da wird an Benjamin gezeigt: Hier ist die Fülle, er bekommt sogar fünfmal mehr als die anderen.

... damit du nicht verarmst mit deinem Hause und allem, was du hast.

Er meint es gut, daß sie wegkommen von Israel. Es wird ihnen gutgehen, sie werden geschützt unter seinen Augen.

Siehe, eure Augen sehen es und die Augen meines Bruders Benjamin, daß ich leibhaftig mit euch rede.

Sie müssen ihn wirklich angeguckt und gestaunt haben: Was ist hier los?! Wir würden gerne ein Familienbild von dieser Szene haben, mit dem Blick dieser Brüder. Er muß sagen: »Siehe, eure Augen sehen es« – das bedeutet: Ich bin es – »und die Augen meines Bruders Benjamin, daß ich leibhaftig mit euch rede«. Leibhaftig – es ist kein Geist, es ist Wirklichkeit!

Verkündet meinem Vater alle meine Herrlichkeit in Ägypten und alles, was ihr gesehen habt; eilt und kommt herab mit meinem Vater hierher.

Und was wird aus dieser ganzen Herrlichkeit? Außerhalb Israels! Sie wird zur Erbärmlichkeit dann, wenn der Pharao kommt, der Josef nicht mehr kennt. So gibt es immer die Schwankungen in der Geschichte Israels, der Weg der Errettung und Erfüllung und ein neuer Weg des Leidens, wie auch wir immer Schwankungen in unserem Leben ausgesetzt sind. Aber die Leidenswege sind Vorbereitung auf die Wege der Erfüllung. Gottes heilsgeschichtlicher Plan hat A und O – der Anfang ist das Paradies, das Ende ist sein Tausendjähriges Friedensreich und sein Himmelreich. Aber dazwischen sind immer diese Wechselbäder, und ist vor allem die Leidensnachfolge. Und dieses Leiden hat auch mit Errettung zu tun. Das ist ein Geheimnis des Überlebens des jüdischen Volkes. Verfolgung hat das jüdische Volk zusammengebracht, damit sie weiterhin existieren konnten. Das ist keine Entschuldigung für die Verfolger. Das zieht sich durch die ganze Geschichte, von den Assyrern, über Babylon, durch die ganze Geschichte des Volkes Israel, biblisch und nachbiblisch. So ist es mit uns, daß Verfolgung, Leiden, Not, innere Stärkung, Führung, das Blut der Märtyrer, die neue Beziehung zu Jesus Christus als unserem leidenden Herrn nach sich zieht. Das ist Neuer Bund, aber das ist auch Alter Bund.

Und er fiel seinem Bruder Benjamin um den Hals und weinte, und Benjamin weinte auch an seinem Halse, ...

Er ist erkannt worden! Und die erste Beziehung ist zu dem Unschuldigen, zu seinem leiblichen Bruder.

... und er küßte alle seine Brüder ...

Benjamin spielt eine bevorzugte Rolle hier, einmal weil er keine Schuld hat – Ruben hat letzten Endes auch sehr wenig Schuld, und Judas Schuld ist auf jeden Fall vergolten – und Benjamin ist der echte Bruder. Benjamin ist der, der in die gleiche Lage hätte kommen können wie Josef. Benjamin hat natürlich auch diesen besonderen Weg, der zu Paulus führt und zur Weltmission, als der kleinste von den Stämmen.

... und weinte an ihrer Brust. Danach redeten seine Brüder mit ihm.

Ja, jetzt haben sie den Mut, mit ihm zu reden. Er ist ein Mensch, er ist nicht nur einer, der über sie herrscht. Er ist auf der gleichen Stufe, auch wenn er der Herrscher ist. Sie haben sich ständig vor ihm verneigt – wie er das alles vorausgesehen hat. A und O, Anfang des Geschehens, Ende des Geschehens, Gottes heilsgeschichtlicher Weg über Leiden und Vergeltung.

Und als das Gerücht kam in des Pharao Haus, daß Josefs Brüder gekommen waren, gefiel es dem Pharao gut und allen seinen Großen.

So beliebt ist Josef für das, was er getan hat für das ägyptische Volk. Das hat er dann auch für sein eigenes Volk getan, und der Pharao ist sehr dankbar dafür.

Und der Pharao sprach zu Josef: Sage deinen Brüdern: Macht es so: Beladet eure Tiere, ziehet hin! Und wenn ihr ins Land Kanaan kommt, so nehmt euren Vater und alle die Euren und kommt zu mir; ich will euch das Beste geben in Ägyptenland, daß ihr essen sollt das Fett des Landes.

Hier kommt man zu einer Schlußfolgerung in der Vätergeschichte: ein Weg des Segens, ein Weg des Heils – das Fett des Landes. Alles Gute wird gegeben, wie in dem Tausendjährigen Friedensreich. Aber was ging voran, bis es zu diesem Schluß gekommen ist?

Liebe Leser, das muß auch unsere Sicht sein. Wir leben nicht für das Fett des Landes, wir leben mit einer Schau, einer Schau über Kreuzesvergebung, über eine Kenntnis von Gottes wunderbaren heilsgeschichtlichen Wegen mit Israel, mit der Christenheit und mit uns persönlich, damit wir zu seinem Reich kommen. Das ist besser als alles Fett aller Länder hier. Jesus hat diesen Wohlstand abgelehnt. Achten wir darauf, daß wir uns nicht davon verleiten lassen.

Und gebiete ihnen: Macht es so: Nehmt mit euch aus Ägyptenland Wagen für eure Kinder und Frauen und bringt euren Vater mit und kommt.

Ende gut, alles gut!

Und seht euren Hausrat nicht an; denn das Beste des ganzen Landes Ägypten soll euer sein. Die Söhne Israels taten so. Und Josef gab ihnen Wagen nach dem Befehl des Pharao und Zehrung auf den Weg und gab ihnen allen, einem jeden ein Feierkleid, aber Benjamin gab er dreihundert Silberstücke und fünf Feierkleider.

Feierkleid – Feier, das Essen, die Feier bis in den Leib hinein verwirklicht. Und jetzt die Feierkleider. Wir denken an den verlorenen Sohn. Benjamin bekommt Silberstücke – wie der silberne Becher, der in dieser Geschichte so eine wichtige Rolle spielt und fünf Feierkleider. Nochmals diese Betonung auf fünf. Fünf schreckliche Jahre kommen jetzt. Er hat fünfmal soviel gutes Essen und *fünf* Feierkleider. Das bedeutet, alles wird zurückgegeben, aber noch im vermehrten Sinn. Das hat mit dem Tausendjährigen Friedensreich und dem Blühen dort und auch mit dem Himmelreich Gottes zu tun.

Und seinem Vater sandte er zehn Esel, mit dem Besten aus Ägypten beladen, und zehn Eselinnen mit Getreide und Brot und mit Zehrung für seinen Vater auf den Weg.

Die Zehn hier, die zehn Brüder, die schuldig sind; jetzt aber zehn im positiven Sinn.

Damit entließ er seine Brüder, und sie zogen hin. Und er sprach zu ihnen: Zanket nicht auf dem Wege!

Das ist ein sehr merkwürdiges letztes Wort hier. »Zanket nicht auf dem Wege!« Gerade war diese große Versöhnung. Aber er kennt seine Brüder gut. Er hat viel gelitten unter ihnen: Du Träumer usw. Er weiß, wie wankelmütig der Menschengeist ist. Deswegen sagt er: Ich will kein Problem von euch, ihr müßt einig beieinander bleiben.

Ich denke sehr an ein Familienbild mit meinem Großvater und allen seinen Brüdern. Dieses Bild war ein einmaliges Bild, das die Mutter von ihnen verlangte, denn sie hatten immer Zorn und Haß gegeneinander, haben viel gezankt. Und sie wollte alle gemeinsam, friedlich auf einem Bild sehen. Das ist genau das, was Josef haben will. Der Herr wird den Weg des Friedens bringen, und das gilt auch für uns im mitmenschlichen Bereich. Das ist gemeint.

So zogen sie hinauf von Ägypten und kamen ins Land Kanaan zu ihrem Vater Jakob und verkündeten ihm und sprachen: Josef lebt noch und ist Herr über ganz Ägyptenland! Aber sein Herz blieb kalt, denn er glaubte ihnen nicht.

Er hat ihn nicht gesehen. Sie haben ihn mit eigenen Augen gesehen. Wir Juden sind Realisten; das Alte Testament geht bis ins Fleisch hinein. Das klingt für Jakob alles sehr abstrakt.

Da sagten sie ihm alle Worte Josefs, die er zu ihnen gesagt hatte. Und als er die Wagen sah, die ihm Josef gesandt hatte, um ihn zu holen, wurde der Geist Jakobs, ihres Vaters, lebendig.

Das bedeutet, alles was sie bisher sagten, klang abstrakt für ihn. Sicher, es ist Wirklichkeit: Josef lebt, und Josef ist Herr über Ägyptenland! Aber Jakob muß ein Zeichen sehen, er muß etwas vor Augen haben, was diese Wirklichkeit bezeugt. Und das ist so typisch biblisch! »Dieser Stein soll ein Zeugnis für uns sein.« Naaman geht zum fließenden Wasser, um siebenmal unterzutauchen, als Zeichen, daß er rein wird. Ständig finden sich Bilder, die die Wirklichkeit bezeugen. Liebe Brüder und Schwestern, das ist der tiefste Weg, unsere Bibel zu verstehen. Das ist das Geheimnis der Einheit der Bibel, des Alten und Neuen Testaments: die Bildsprache. Denn die Bilder zeugen von der Wirklichkeit. Das Alte Testament, wie auch das Neue, hat direkt mit der Wirklichkeit zu tun, der physischen und geistigen und geistlichen Wirklichkeit dieser Welt. Das ist bezeugt durch Bilder. Und Bilder haben tiefe, zeichenhafte Bedeutung. Auch hier. Als Jakob diese Wagen sieht – er sieht nicht einmal Josef, sondern nur die Wagen –, erkennt er: Es ist wahr, was sie gesagt haben!! Sein Geist wurde lebendig.

Das bedeutet, daß unser Geist tot sein kann, wenn wir hier auf Erden leben. Das steht im Todespsalm, über das Leben im Schatten, und auch in Epheser 2,1. Wir Christen verstehen das so: Wer in Jesus Christus ist, der ist im Leben, deswegen hat er einen lebendigen Geist, was natürlich Heiliger Geist ist. Und wenn er nicht in Christus ist, dann hat er nicht diesen Geist, diesen lebendigen Geist, sondern er lebt im Schattenbereich. Die erste Auferstehung ist die Auferstehung aus dem lebendigen Tod im Schattenbereich in dieser Welt. Natürlich, die zweite ist dann die leibliche Auferstehung zum Gericht. Aber hier geht es darum, daß der Geist wach wird, daß wahres Leben entsteht. So ist es jetzt mit Jakob.

Und Israel sprach: ...

Jetzt heißt er Israel, nicht mehr Jakob; Israel, der Gottesstreiter, der wach ist und lebendig.

Mir ist genug, daß mein Sohn Josef noch lebt; ich will hin und ihn sehen, ehe ich sterbe.

Es geht letzten Endes nicht um das Große, was Josef erreicht hat, es geht nur um Josef. Das bedeutet, der Vater spricht lauter als der, der große Wünsche haben würde für seine Söhne. Und wir denken in diesem Sinne auch an David und Absalom. Absalom muß sterben, weil er einen Aufstand gegen seinen Vater macht. Aber der Vater spricht tief in David, wie hier auch bei Jakob/Israel: Er darf nicht sterben. Und das ist gut so.

Gestalten wir die Beziehung zu unseren Kindern niemals als Beziehung sein zu dem, was sie schaffen, sondern als eine Beziehung der persönlichen Hingabe und Liebe. Das will der Herr haben. Der Herr selbst sorgt für seine heilsgeschichtlichen Wege. Er hat Josef groß gemacht in Ägypten, damit sein Volk überleben sollte.

Jakobs Reise nach Ägypten – Seine Kinder und Enkel (1. Mose 46, 1-27)

Israel ...

Jetzt wird bei dem Namen immer abgewechselt, Jakob und Israel, auch wenn er den neuen Namen Israel bekommen hat. Verloren in uns selbst – der Jakob, der lebt für seine Pläne, für seine weltliche Sicht; Israel: Ich bin zu gering, Herr, für alles, was du mir gegeben hast. Und: Ich lasse dich nicht, du segnest mich denn.

Israel zog hin mit allem, was er hatte.

Hier ist nicht ein Einzug nach Israel, sondern ein Auszug aus Israel. Und deswegen wird unter den Erzvätern Josef nicht genannt. Abraham, Isaak und Jakob – und das, obwohl Josef viel besser ist als Jakob (natürlich, Rebekka ist auch viel wichtiger als Isaak). Aber der Weg Josefs ist nicht der Weg der Landnahme, sondern der Weg aus dem Land, der Weg ins Ausland und in die Diaspora. Dieser Weg der Diaspora hat auch viel damit zu tun, daß Jesus Christus dann herrschen wird über alle heidnischen Reiche. Sicher, der Weg der Diaspora, wenn die Juden in alle mögliche Länder zerstreut werden, ist für das Volk Israel der Weg des Überlebens, wenn Feinde versuchen, uns zu vernichten – wie es Hitler getan hat, wie das aber auch ständig bezeugt ist durch die ganze Geschichte.

Israel zog hin mit allem, was er hatte. Und als er nach Beerscheba kam, brachte er Opfer dar dem Gott seines Vaters Isaak.

Warum Beerscheba? Das ist der südlichste Punkt dieses Landes. Er bringt Opfer im Heiligen Lande. »Vergesse ich dich, Jerusalem, so verdorre meine Rechte. Meine Zunge soll an meinem Gaumen kleben, wenn ich deiner nicht gedenke ...« (Psalm 137). Das ist diese Kenntnis, die auch Jakob hat: Das ist unser verheißenes Land, und jetzt müssen wir dieses Land verlassen. Auch wenn es hier beim Verlassen des Landes um Errettung geht,

Jakob opfert dem Herrn im Lande selbst. So war auch Abraham in Beerscheba.

Und Gott sprach zu ihm des Nachts in einer Offenbarung: Jakob, Jakob! Er sprach: Hier bin ich.

Nochmals diese Art von Traum – durch die Dunkelheit (des Nachts) zur Klarheit, zur Wirklichkeit Gottes.

»Jakob, Jakob!« – das ist eine doppelte Betonung, und das bedeutet, hier ist eine sehr wichtige Botschaft.

»Hier bin ich«, – sagt er. Das ist eine typische Aussage, was bedeutet: Du sprichst zu mir, du siehst meine Lage, ich nehme an, was du sagst.

Und er sprach: Ich bin Gott, der Gott deines Vaters; fürchte dich nicht, ...

Immer wieder dieses »Fürchte dich nicht«, denn man hat Gottesfurcht, wenn die Wirklichkeit Gottes vor Augen ist. Gott kann uns auch verdammen, er kann schlechte Botschaft bringen.

... fürchte dich nicht, nach Ägypten hinabzuziehen; denn daselbst will ich dich zum großen Volk machen.

Hier wird eine der Verheißungen gegen eine andere ausgespielt. Die Landesverheißung geht im Moment in die Brüche, aber: »Ich will dich zum großen Volk machen«, das ist auch einer des vierfachen Segens. So ist hier auch ein Zwiespalt in der Lage, in der sich Jakob befindet. Aber Gott steht positiv zu ihm, und Gott wird diesen Zwiespalt lösen im Sinne seiner heilsgeschichtlichen Wege.

Ich will mit dir hinab nach Ägypten ziehen und will dich auch wieder heraufführen, und Josef soll dir mit seinen Händen die Augen zudrücken.

Das bedeutet: Dein Weg nach Ägypten ist nicht ein Weg für immer und ewig; die Landverheißung ist gültig, du hast mir geopfert im Land, in Beerscheba. Das ist das Land, das mir gehört, das ich Israel in alle Ewigkeit gegeben habe. Ich führe dich heraus, und ich bringe dich auch wieder hinein. »Ich will dich auch wieder heraufführen, und Josef soll dir mit seinen Händen die Augen zudrücken« – im Sterben. Du wirst Josef sehen, nicht nur seine Wagen, sondern deinen lieben Sohn Josef, deinen Lieblingssohn, und er wird dir die Augen zudrücken, wenn du stirbst. Das bedeutet, du gehst nicht in den Totenbereich mit Trauer, denn du wirst deinen Lieblingssohn vorher sehen, und zwar in Wohlstand, als Geretteter. Auch wenn man das Land verlassen muß! So ist es öfters im Leben: Wir bekommen nicht alles, was wir haben wollen, auch nicht in der großen Segenszeit.

Da machte sich Jakob auf von Beerscheba.

Jetzt geht er weg von Israel.

Und die Söhne Israels hoben Jakob, ihren Vater, mit ihren Kindern und Frauen auf die Wagen, die der Pharao gesandt hatte, um ihn zu holen, ...

Genau wie sie eingezogen sind in das Land, als Ganzes, als eine ganze Familie, das Haus Israel, so ziehen sie jetzt aus, aber diesmal zur Errettung.

... und nahmen ihr Vieh und ihre Habe, die sie im Lande Kanaan erworben hatten, und kamen so nach Ägypten, Jakob und sein ganzes Geschlecht mit ihm. Seine Söhne und seine Enkel, seine Töchter und seine Enkelinnen und seine ganze Nachkommenschaft brachte er mit sich nach Ägypten.

...

Alle Seelen, die mit Jakob nach Ägypten kamen, seine Nachkommen – ausgenommen die Frauen seiner Söhne – sind alle zusammen sechsundsechzig Seelen. Die Söhne Josefs, die in Ägypten geboren sind (Manasse und Ephraim), waren zwei Seelen; so daß alle Seelen des Hauses Jakobs, die nach Ägypten kamen, waren siebzig (Gerechtigkeitszahl mal Schöpfungszahl).

Siebzig ist eine sehr wichtige Zahl für einen Hebräer: 10 x 7, die Septuaginta, die siebzig Weisen, die die hebräische Bibel ins Griechische übersetzten für die Diaspora-Juden. Warum siebzig? Weil siebzig Weise mit Mose auf den Berg Sinai gingen, um das Gesetz zu empfangen. Hier ist die Vordeutung davon.

Jakobs Wiedersehen mit Josef (1. Mose 46, 28-34)

Und Jakob sandte Juda vor sich her zu Josef, ...

Juda als der Vermittler; Juda, der das gutgemacht hat, was er vorher Schlechtes getan hat. Er hat Josef verkauft, dann hat er sich für Benjamin verbürgt; er hat alles gutgemacht, hat die Schuld auf sich geladen – und so wird die Schuld der ganzen Welt auf den geladen, der von Juda stammt, Jesus Christus, der Held für Juden und Heiden.

Und Jakob sandte Juda vor sich her zu Josef, daß dieser ihm Goschen anwiese. Als sie in das Land Goschen kamen, spannte Josef seinen Wagen an und zog hinauf seinem Vater Israel entgegen nach Goschen.

Im historischen Rückblick sehen wir hier das Wandervolk Gottes: Jakob ist im Land geboren, dann zwanzig Jahre mit aller möglichen Problematik und auch mit Positivem unter Laban im Ausland, woher die Familie ursprünglich kommt, kommt dann zurück, in der Begegnung mit Gott wird der Weg bereitet für die Begegnung mit Esau – die zwei Gesetzestafeln –, und jetzt verläßt er das Land nochmals, und es wird Hunderte Jahre dauern, bis das Volk wieder zurückgeht. Das ist Israel, das Wandervolk Gottes; und das sind auch wir, das neue Israel, das Wandervolk Gottes, denn wir als Christen haben keine bleibende Stätte hier auf Erden. Die Juden gehen hin und her, von Israel in die Diaspora und wieder zurück, in der Geschichte der Erzväter und durch die ganze Geschichte. Aber *sie* haben eine bleibende Statt hier auf Erden, am Ende, im Tausendjährigen Friedensreich, im Land selbst, in Israel, in der ewigen Herrlichkeit.

Und als er ihn sah, fiel er ihm um den Hals und weinte lange an seinem Halse.

Immer wieder dieses Weinen als Ausdruck von tiefem Berührtsein, die ganze Person ist zutiefst berührt, und das ist auch durchaus männlich.

Da sprach Israel zu Josef: Ich will nun gerne sterben, nachdem ich dein Angesicht gesehen habe, daß du noch lebst.

Das bedeutet: Jetzt ist sein Leben erfüllt, im positiven Sinn. Wir denken auch an einen anderen alten Mann, Simeon, der lange gewartet hat auf seinen Messias, dann sieht er ihn – und jetzt ist er bereit zum Sterben, weil er am Ziel ist. Wen sieht er? Er sieht Jesus Christus.

Josef und Jesus – der Leidensweg der Erwählten Gottes. Und dieser Simeon steht sinnbildlich für das ganze Volk Israel. Sie werden dann eine sehr lange Zeit warten, bis sie ihren Messias, Jesus Christus, annehmen; und wenn sie ihn annehmen, werden sie um ihn weinen, wie man weint um einen einzigen Sohn (Sacharia 12,10).

Josef sprach zu seinen Brüdern und zu seines Vaters Hause: Ich will hinaufziehen und dem Pharao ansagen und zu ihm sprechen: Meine Brüder und meines Vaters Haus sind zu mir gekommen aus dem Lande Kanaan ...

Sie kommen zu ihm aus Kanaan. Josef ist nicht einer der Erzväter, sie kommen außerhalb des Landes zu Josef, auch wenn die Errettung über Josef geht. Aber die Errettung geht auch über das Ausland. So wird der Weg des Retters Jesus Christus, des Erretters der ganzen Welt, zwar von Israel ausgehen (wie bei Josef), aber dann wird er für die ganze Welt Heiland sein.

... und sind Viehhirten, denn es sind Leute, die Vieh haben; ihr Kleinvieh und Großvieh und alles, was sie haben, haben sie mitgebracht.

Wieder diese Betonung, nicht nur auf Beruf, Hirte und Herde, sondern auf Tiere und die wichtige Rolle, die Tiere für uns Israeliten spielen. Ich glaube, Sie sehen das sehr deutlich in den Gemälden von Marc Chagall, die im Grunde genommen unseren jüdischen Geist spiegeln. Die Tiere spielen eine besondere Rolle in seinen Bildern. Ich habe auch eine tiefe Beziehung zu Tieren. Das ist von Gott gewollt, und das ist eine gesamtbiblische Aussage, bis hin zum Tausendjährigen Friedensreich, das ein Reich sein wird, wo wir mit den Tieren nochmals in Frieden leben werden. Die Tiere sind ein Bild vor unseren Augen über die Schöpferkraft unseres Gottes; und nicht nur das, sondern wie sie Überleben! Gott gibt ihnen diesen Instinkt, das Richtige zu tun, wie den Vögeln z.B., daß sie zurückkommen zu ihren Nestern. Das ist ein Zeichen vor unseren Augen, ein Zeichen von Gottes Schöpferkraft und ein Zeichen seiner Führung.

An zentralen Stellen sind auch Tiere dabei: Mose weigerte sich nach der neunten Plage, auszuziehen ohne seine Tiere. Sicher, er brauchte sie als Opfertiere, aber er brauchte sie als Freunde. Und ich muß auch sagen, die seelsorgerliche Rolle von Tieren ist ein sehr wichtiges und zu wenig erforschtes Gebiet.

Meine Eltern haben mir erzählt von einer alten Frau: Als ihr Mann starb, hat sie aufgehört, Umgang zu pflegen mit Menschen. Sie war so in Trauer, ihr ganzes Leben schien zerstört. Jemand hat dieser Frau einen kleinen Hund geschenkt, der sehr viel Liebe gab und Pflege brauchte. Das hatte eine solche Auswirkung auf diese Frau, daß sie auch neuen Zugang zu den Menschen bekam. Tiere spielen eine wichtige Rolle in Gottes heilsgeschichtlichem Plan. Und wie oft gehen wir verächtlich um mit Tieren! Schon die Namensgebung, »du Schwein, du Rindvieh, du Esel«, sogar »du Dackel« oder »Halbdackel« oder »Grasdackel« – bedenken wir, das ist eine Beleidigung Gottes, der alle Tiere geschaffen hat, sogar bevor er Menschen schuf. (Allerdings darf es nicht sein, daß manche sich mehr für das Leben von Tieren einsetzen als für das Lebensrecht noch ungeborener Kinder. Das ist erst recht Schuld.)

Wenn euch nun der Pharao wird rufen und sagen: Was ist euer Gewerbe? so sollt ihr sagen: Deine Knechte sind Leute, die Vieh haben, von unserer Jugend an bis jetzt, wir und unsere Väter –, ...

Immer haben sie Vieh gehabt, Tiere! Und wir wissen auch, daß immer noch viele solche Viehhändler in Deutschland lebten in der vornaziistischen Zeit. Viele haben Juden nur gekannt als Viehhändler.

... damit ihr wohnen dürft im Lande Goschen. Denn alle Viehhirten sind den Ägyptern ein Greuel.

Nochmals eine Betonung: Sie dürfen nicht mit den Hebräern essen, das haben wir gesehen, – und die Viehhirten sind den Ägyptern ein Greuel. Hier ist ein Voraussehen der Trennung zwischen dem, was Gott gehört, und dem, was ihm nicht gehört im Alten Bund, die Trennung zwischen rein und unrein. Aber hier trennen sich die Heiden von den Juden; später wird es immer deutlicher und wird dann klar sein, daß die Juden getrennt sein müssen von allen Völkern, rein gehalten werden. Warum? Nicht weil sie besser sind, sondern weil durch dieses Volk alle Völker auf Erden gesegnet werden. Das hat natürlich auch sehr viel zu tun mit den Verheißungen, die auf Jesus Christus deuten.

Jakob vor dem Pharao (1. Mose 47,1-12)

Da kam Josef und sagte es dem Pharao an und sprach: Mein Vater und meine Brüder, ihr Kleinvieh und Großvieh und alles, was sie haben, sind gekommen aus dem Lande Kanaan, und siehe, sie sind im Lande Goschen. Und er nahm von allen seinen Brüdern fünf und stellte sie vor den Pharao.

Wieder diese Zahl »Fünf«, die ich ständig betont habe. Da ist auch jetzt etwas sichtbar vor Augen, wie zum Beispiel die fünf Feierkleider, das Essen, von dem Benjamin fünfmal mehr bekam als die anderen; diese Fünf. Und jetzt verstehe ich, was dies bedeutet: Das hat mit den fünf schlechten Jahren zu tun, die immer noch vor ihnen liegen; und hier wird die Fünf positiv gezeigt, positiv in der Erwählung des Volkes Israel, das durch Gottes Gnade, über Josef, errettet ist. Das ist sichtbar vor Augen – nochmals ein Zeichen.

Und er nahm von allen seinen Brüdern fünf und stellte sie vor den Pharao. Da sprach der Pharao zu seinen Brüdern: Was ist euer Gewerbe? Sie antworteten: Deine Knechte sind Viehhirten, wir und unsere Väter.

»Viehhirten«, Hirte und Herde – wieder ein zentrales gesamtbiblisches Thema. Das bedeutet, wir sorgen für das, was Gott uns gegeben hat. »Der Herr ist mein Hirte«, er sorgt für mich als Hirte, so sagt David. Und Jesus bezeugt sich als der gute Hirte, der sein Leben für seine Schafe, für die Seinen, gibt. Dieses sehr zentrale Bild zieht sich durch das ganze Alte und Neue Testament, denn nicht nur die Urväter des Volkes Israel sind Hirten, sondern auch alle die zentralen, wichtigen Gestalten im Alten Testament sind Hirten. Und dieser Weg führt zu dem wahren Hirten, der sein Volk weidet und dann alle Völker, zu Jesus Christus, dem guten Hirten.

Und sagten weiter zum Pharao: Wir sind gekommen, bei euch zu wohnen im Lande; denn deine Knechte haben nicht Weide für ihr Vieh, so hart drückt die Hungersnot das Land Kanaan.

Sie brauchen Weide für das Vieh – nochmals die Betonung auf Tiere; aber natürlich geht das auch um menschliches Überleben. So laß doch nun deine Knechte im Land Goschen wohnen. Der Pharao sprach zu Josef: Es ist dein Vater, und es sind deine Brüder, die zu dir gekommen sind. Das Land Ägypten steht dir offen, ...

Wegen dem, was Josef alles getan hat für diesen Pharao, durfte dann das ganze Volk Israel, durften Jakob und seine Söhne mit ihren Familien, alle durften da wohnen, auch mit ihren Tieren. Josef, der Vermittler! Und so ist, durch Jesus Christus, der Weg geöffnet zu dem besten Weideplatz der Welt, zu dem Himmelreich Gottes. Er ist der Vermittler, der für uns das alles vollbracht hat am Kreuz.

»Das Land Ägypten steht dir offen«, ist auch ein sehr wichtiger Hinweis, wenn man an die Zeit der Landnahme denkt. »Dürfen wir durch das Land gehen?« – das war die Frage auf dem Weg der Wüstenwanderung. »Steht das Land offen, oder nicht?« Hier ist ein Beispiel für »das Land steht offen« – eine Vordeutung. Aber es geht, wie gesagt, um noch viel Wichtigeres: Das wahrste und beste Land, das mehr ist als ein irdisches Land, das Himmelreich Gottes steht offen für uns durch das Tun Jesu Christi, durch sein Kreuz, durch sein Opfer für uns. Er ist der endgültige Leidensknecht Gottes, und Josefs Weg war auch ein Leidensweg.

... laß sie am besten Ort des Landes wohnen, laß sie im Lande Goschen wohnen, und wenn du weißt, daß Leute unter ihnen sind, die tüchtig sind, so setze sie über mein Vieh.

Josef brachte auch seinen Vater Jakob hinein und stellte ihn vor den Pharao. Und Jakob segnete den Pharao.

Hier dieses kleine Volk Israel, total abhängig von Ägypten, daß es jetzt überleben kann – und Jakob segnet diesen Pharao. Wir sollen ein Volk der Priester sein. Und Jakob mit seinem Segen von einem kleinen, unbedeutenden Volk – anscheinend unbedeutend –, dieser Segen erreichte sein Ziel in Jesus Christus, aus dem Hause und Geschlecht Jakobs/Israels, der ein Segen ist als Angebot für alle heidnischen Völker, wie für das Volk Israel.

Der Pharao aber fragte Jakob: Wie alt bist du? Jakob sprach zum Pharao: Die Zeit meiner Wanderschaft ist hundertunddreißig Jah-

re; wenig und böse ist die Zeit meines Lebens und reicht nicht heran an die Zeit meiner Väter in ihrer Wanderschaft.

Wir sind das Wandervolk Gottes. Wir haben viel Härte und viele Nöte erlebt – wie Jakob, aber auch viel Gutes und viel Führung durch die Härte und Nöte. Und warum die Härte und Not? Wegen unserer Schuld – Vergeltung; aber auch, um uns zurechtzubiegen im Sinne Gottes, denn ein Segen liegt über diesem Volk wie über jedem Christen im Neuen Bund unter dem Kreuz.

Und Jakob segnete den Pharao und ging hinaus von ihm. Aber Josef ließ seinen Vater und seine Brüder in Ägyptenland wohnen und gab ihnen Besitz am besten Ort des Landes, im Lande Ramses, ...

Und unter einem Ramses werden sie dann ausziehen, unter Ramses, einem Pharao, der sie unterdrückt. Hier geht es zuerst um das Positive, später um das Negative.

... wie der Pharao geboten hatte. Und er versorgte seinen Vater und seine Brüder und das ganze Haus seines Vaters mit Brot, einen jeden nach der Zahl seiner Kinder.

Eine gerechte Teilung – sie bekommen, was nötig ist, nicht im Überfluß, sondern was nötig ist. Auch hier eine Vordeutung der Wüstenwanderung, wo der Herr, als der wahre Hirte seines Volkes, für alles sorgt, was sie brauchen – und nur für das.

Die Ägypter verkaufen ihre Habe und sich selbst dem Pharao (1. Mose 47,13-26)

Es war aber kein Brot im ganzen Lande; denn die Hungersnot war sehr schwer, so daß Ägypten und Kanaan verschmachteten vor Hunger.

Natürlich die Betonung von beiden, Ägypten, aber auch das Land Kanaan. Das Land wird jetzt dürre sein, und das Volk ist nicht mehr im Lande. Das Land wird dann blühen, wenn das Volk im Land ist – hier hat es für eine kurze Zeit nicht geblüht, in den zwei Jahren Hungersnot. Jetzt wird das Land noch fünf Jahre (diese Fünf) dürre sein; das Land liegt brach. Wie nach der Zerstörung des Tempels, als die Juden unter alle Völker vertrieben waren. Jetzt aber blüht das Land, denn das Volk ist im Land, und das Land ist wie eine Braut für das Volk – sie gehören zueinander.

Und Josef brachte alles Geld zusammen, das in Ägypten und Kanaan gefunden wurde, für das Getreide, das sie kauften; und er tat alles Geld in das Haus des Pharao.

Klug ist Josef, der nicht nur für sein Volk sorgt, sondern auch für den Pharao und sein Volk. Und so wird Jesus Christus, der Juden König und der Heiden Heiland, für beide sorgen. Der Leidensweg der Erwählten Gottes – Josef und Jesus.

Als es nun an Geld gebrach im Lande Ägypten und in Kanaan, kamen alle Ägypter zu Josef und sprachen: Schaffe uns Brot! Warum läßt du uns vor dir sterben, nun wir ohne Geld sind? Josef sprach: Schafft euer Vieh her, so will ich euch Brot als Entgelt für das Vieh geben, weil ihr ohne Geld seid. Da brachten sie Josef ihr Vieh, und er gab ihnen Brot als Entgelt für ihre Pferde, Schafe, Rinder und Esel. So ernährte er sie mit Brot das Jahr hindurch für all ihr Vieh.

Der vorsorgliche Weg Josefs für das Volk und für das Land.

Als das Jahr um war, kamen sie zu ihm im zweiten Jahr und spra-

chen zu ihm: Wir wollen unserem Herrn nicht verbergen, daß nicht allein das Geld, sondern auch alles Vieh dahin ist an unsern Herrn, und ist nichts mehr übrig vor unserm Herrn als nur unsere Leiber und unser Feld. Warum läßt du uns vor dir sterben und unser Feld?

Dieses ganze Problem, wie diese Leute klagen über Josefs Handeln, ist eine Vordeutung dessen, was passieren wird bei den Juden auf der Wüstenwanderung, wie sie Mose, der weiterhin der Verheißungsträger ist, ständig anklagen wegen diesem und jenem.

Warum läßt du uns vor dir sterben und unser Feld? Kaufe uns und unser Land für Brot, daß wir und unser Land leibeigen seien dem Pharao; gib uns Korn zur Saat, daß wir leben und nicht sterben und das Feld nicht wüst werde.

Es geht um das höchste Gut in Israel. Das höchste Gut in Israel ist Leben. Die erste Aussage über den Herrn ist »Schöpfergott«, der Leben schuf. Der endgültige Weg zu wahrem und ewigem Leben geht aber nur durch den Tod, und zwar Jesu Tod. Durch Christus, unseren Herrn, der aus dem Tod herausgeholt wurde, den Tod besiegt hat, ist der Weg zum ewigen Leben geschaffen. Dieses Thema »Leben – Brot«, das ist sehr zentral durch die ganze Bibel. Brot ist Leben. Woher kommt Brot, Manna? Vom Himmel. »Nehmet und esset, das ist mein Leib« – der Weg zu ewigem Leben.

So kaufte Josef dem Pharao das ganze Ägypten. Denn die Ägypter verkauften ein jeder seinen Acker, weil die Hungersnot schwer auf ihnen lag. Und so wurde das Land dem Pharao zu eigen.

Das ganze Land wird dem Herrscher gehören. Jesus wurde von Satan alles angeboten: Reichtum, Land, alles; und er nimmt das nicht an unter der Herrschaft Satans, denn *er hat* das unter der Herrschaft des Vaters. Alles gehört ihm, aber auch dieses besondere, kleine Land Kanaan, das Land der Juden, wohin das Volk am Ende der Tage zurückgekehrt ist und versucht, dieses Land zu besiedeln. – Und die Welt ist gegen Gottes Verheißung, wie die Welt gegen Jesus war, auch seine eigene Welt, die Juden.

Und er machte das Volk leibeigen von einem Ende Ägyptens bis ans andere. Ausgenommen das Feld der Priester, das kaufte er nicht; denn es war vom Pharao für die Priester verordnet, daß sie sich nähren sollten von dem Landanteil, den er ihnen gegeben hatte. Darum durften sie ihr Feld nicht verkaufen.

Diese besondere Stellung der Priester zum Land ist auch eine Vordeutung der Rolle, die die Leviten dann in Israel haben werden (und zwar ein Stamm ohne Land), wie diese Trennung von reinen und unreinen Völkern – aber hier von den Ägyptern ausgehend in bezug auf die Hebräer, daß sie nicht mit ihnen essen, daß sie nichts zu tun haben wollen mit Leuten, die Viehhirten sind usw. Daß sie sich absondern, das ist auch eine Vordeutung – in anderer Form – von dieser Trennung zwischen rein und unrein, die dann in der Thora stattfindet, in den Gesetzen Moses.

Da sprach Josef zu dem Volk: Siehe, ich hab heute euch und euer Feld für den Pharao gekauft; siehe, da habt ihr Korn zur Saat, und nun besäet das Feld. Und von dem Getreide sollt ihr den Fünften (nochmals diese Fünf, jetzt als »Fünften«) dem Pharao geben; vier Teile sollen euer sein, das Feld zu besäen und zu eurer Speise und für euer Haus und eure Kinder. Sie sprachen: Du hast uns beim Leben erhalten; laß uns nur Gnade finden vor dir, unserem Herrn, dann wollen wir dem Pharao leibeigen sein. So machte es Josef zum Gesetz bis auf diesen Tag ...

Das ist auch eine Art zu erklären, wieso das so geworden ist in Ägypten, diese Vorstellung von Leibeigenen, wie das in der Zeit, in der dieser Text niedergeschrieben wurde, auch der Fall war. Aber das hat auch mit Israel zu tun und Israels Verheißung und damit, daß wir alle letzten Endes Leibeigene Gottes sind, dann aber Befreite des Herrn werden, wie Israel dann befreit wird. Das ist der Weg Jesu Christi.

Jakobs letzter Wunsch (1. Mose 47,27-31)

So wohnte Israel in Ägypten im Lande Goschen, und sie hatten es inne und wuchsen und mehrten sich sehr.

»Mehret euch!« – Das erste von 613 Geboten und Verboten. Es wird ein großes Volk sein. Warum? Weil der Gott Israels der Herr des Lebens ist, es geht um Leben. Das Volk wird sich mehren. Und wie gesagt, die Zielsetzung des Königs der Juden, Jesus Christus, ist ewiges Leben.

Und Jakob lebte siebzehn Jahre in Ägyptenland, ...

Das ist sehr interessant – Anfang und Ende: Josef war siebzehn Jahre alt, als er verkauft wurde, weg von Kanaan; und siebzehn Jahre lebte Jakob in Ägypten, genauso lang. Hier liegt irgendwo eine besondere Betonung. Mit siebzehn Jahren geht Josef weg, um die Verheißung zu erfüllen; und Jakob verbringt seine letzten siebzehn Jahre hier. Dann geht die Verheißung weiter über Josef und seine Brüder.

... daß sein ganzes Alter wurde hundertundsiebenundvierzig Jahre. Als nun die Zeit herbeikam, daß Israel sterben sollte, rief er seinen Sohn Josef und sprach zu ihm: ...

Merken Sie, immer wieder wird abgewechselt: Jakob – Israel – Israel – Jakob – Jakob, der Betrüger, der aus Eigenwillen lebt, in Betrug gegen seinen Vater, der den Segen gestohlen hat; und Jakob, der Gottesstreiter, der dann Israel heißen wird: »Ich lasse dich nicht, du segnest mich denn.« Und nochmals Luther, dieser geniale Ausleger der Schrift: »Verloren in uns selbst« – das sind wir alle (Jakob), wir gehen unsere eigenen Wege, mit Selbstbetrug, letzten Endes gegen uns selbst. »Gerettet in Christus« – Israel: »Ich lasse dich nicht, du segnest mich denn.« Und der endgültige Segen, das sind Jesu ausgestreckte Hände am Kreuz.

Als nun die Zeit herbeikam, daß Israel sterben sollte, ...

Es gibt auch eine Zeit zu sterben. »Meine Zeit steht in deinen Händen.« Und das ist so wichtig zu wissen. Die Zeit der Geburt, die Zeit des Sterbens. »Zu der Zeit«, »an der Zeit« – Gottes Zeit, der bestimmte Moment in Gottes heilsgeschichtlichem Plan. Aber dazu: Er ist unser guter Hirte, er steht über der Zeit. Unsere ganze Zeit steht jetzt vor ihm. Das bedeutet, er ist der Bestimmende der Zeit, denn er hat die Zeit geschaffen. »Am Anfang schuf Gott Himmel und Erde« – Anfang ist Zeit, Himmel und Erde ist Raum. Ein sehr zentrales biblisches Thema! Der Herr ist Herr über die Zeiten; Zeit – Vergänglichkeit – Ewigkeit. Bevor die Zeit geschaffen wurde, war Ewigkeit; es war keine Zeit, es war nur Gott, und Gott ist ewig. Dann kam die Zeit, und mit der Zeit, mit dem Sündenfall, kam Vergänglichkeit und die Geschichte der Menschheit. Und dann wird der Weg zur Ewigkeit geöffnet durch das Zentrum der Zeit, das ist Jesus Christus, sein Kreuz.

Als nun die Zeit herbeikam, daß Israel sterben sollte, rief er seinen Sohn Josef und sprach zu ihm: ...

Er ruft jetzt nach der zentralen Gestalt, der Rettergestalt.

... Hab ich Gnade vor dir gefunden, so lege deine Hand unter meine Hüfte, daß du die Liebe und Treue an mir tust und begrabest mich nicht in Ägypten, ...

Das bedeutet eine Art zu Schwören, »die Hand unter die Hüfte«, – ich verspreche es dir, und ich zeige dieses Versprechen. Nochmals »zeigen«, bildlich darstellen, physisch vor Augen stellen, indem ich dich hier berühre, an dieser Stelle – das ist Zeuge dafür. Wie wenn wir etwas abmachen und einander die Hände schütteln. Das ist ein Zeichen. Das bedeutet, es geht bis ins Leibliche, bis in die Wirklichkeit hinein. Die Bibel hat mit Wirklichkeit zu tun. Und Jakob ist vom Herrn an der Hüfte geschlagen. Dieser Schwur bedeutet dann: So wahr der Herr lebt.

... und begrabest mich nicht in Ägypten, sondern ich will liegen bei meinen Vätern, und du sollst mich aus Ägypten führen und in ihrem Grab begraben.

Sehr interessant: Der Weg der Errettung ging weg von diesem vierfachen Segen, mindestens in bezug aufs Land, aber Jakob hängt an dieser Verheißung. »Ich will begraben sein bei meinen Vätern.« Wie er und auch sein Vater zum Ursprung der Familie geschickt wurden, um dort ihre Frauen zu holen und nicht bei den Heiden, so geht er jetzt zurück – nicht woher die Familie ursprünglich kam, sondern zum Ort der Verheißungen Gottes, das ist im Land Israel. Das bedeutet: Auch wenn ich hier Wohlstand genieße, auch wenn ich hier Errettung erfahren habe, bleibe ich nicht hier; mein Weg führt zurück nach Israel. Das ist der Ruf Gottes durch die Jahrhunderte und Jahrtausende. Und so haben die Juden sich verabschiedet: »Nächstes Jahr in Jerusalem.« Und so haben viele Juden, zum Beispiel auch im Mittelalter hier, sehr viel Geld ausgegeben, daß Erde aus Erez Israel hergebracht wurde nach Deutschland, daß sie in Erde aus Erez Israel beerdigt werden konnten – auch wenn das in Deutschland war. In der Erde, umhüllt von Erde aus dem Land. Warum? Weil das Gottes heilsgeschichtlicher Weg ist: Wenn das Volk im Land ist, dann kommt der Verheißungsträger. Das gilt für die erste Ankunft Jesu, und das ist der Weg zu der zweiten Ankunft Jesu. Wenn das Volk im Land ist, denn er kommt für die Juden. Wir werden als Christen vorher entrückt, 1. Thessalonicher 4. Das Volk muß im Land sein – das ist eines; und das andere in bezug auf die Völker, das ist die Weltmission.

»Begrabe mich nicht in Ägypten« – in Ägypten, wo er diese letzte Freude hat, nachdem er so viel gelitten hat in Israel, in der Meinung, daß Josef tot sei, und mit allem was da passierte, die harte Prüfung, die Josef seinen Brüdern stellte, so daß der arme Mann glaubte, er gehe mit Tränen in den Augen, nur mit Kümmernissen in den Tod. Und dann kommt er nach Ägypten und sieht Josef, und alles wird gut. Aber trotzdem, trotz dem allen hängt er an der Verheißung Gottes, an diesem Land seiner Väter, und damit an den Verheißungen Gottes, des Gottes Abrahams, Isaaks und Jakobs. Und das ist sinnbildlich und Wahrheit für alle Juden bis heute.

... sondern ich will liegen bei meinen Vätern, und du sollst mich aus Ägypten führen und in ihrem Grab begraben. Er sprach: Ich will tun, wie du gesagt hast. Er aber sprach: So schwöre mir. Und er schwor ihm. Da neigte sich Israel anbetend über das Kopfende des Bettes hin.

Jetzt ist er am Ziel – das ist die Kenntnis: Wir kehren zurück! Gott hat ihm das versprochen. Das ist der Weg zum Heil, nicht hier in Ägypten; hier ist nur vorübergehende Rettung und dann natürlich Not. Das Grab als Zeichen der Zugehörigkeit zum Land, wie der Grabesacker im Lande, welchen Abraham erworben hat.

Jakobs Segen über Ephraim und Manasse (1. Mose 48)

Danach wurde Josef gesagt: Siehe, dein Vater ist krank.

Er ist krank. Er weiß, er wird sterben, und sein letzter Wunsch wird erfüllt.

Und er nahm mit sich seine beiden Söhne Manasse und Ephraim. Da wurde Jakob angesagt: Siehe, dein Sohn Josef kommt zu dir. Und Israel machte sich stark und setzte sich auf im Bett und sprach zu Josef: Der allmächtige Gott erschien mir zu Lus im Lande Kanaan und segnete mich und sprach zu mir: Siehe, ich will dich wachsen lassen und mehren und will dich zu einer Menge von Völkern machen und will dies Land zu eigen geben deinen Nachkommen für alle Zeit.

Hier geht es jetzt um die Segen: Volksegen, Landsegen. Und hier geht es natürlich um diesen Rückblick nach Israel. Gott ist ihm erschienen im Lande Kanaan – immer wieder; wie das letzte Opfer in Beerscheba, bevor er nach Ägypten kam.

So sollen nun deine beiden Söhne Ephraim und Manasse, die dir geboren sind in Ägyptenland, ehe ich hergekommen bin zu dir, mein sein gleichwie Ruben und Simeon.

Gerade Ruben und Simeon! Ruben, der Älteste, der anscheinend der Erbe sein sollte, und der sich Josef gegenüber am besten benommen hat; und Simeon, der auch gefangengenommen war in diesem Prüfungsprozeß von Josef.

Die du aber nach ihnen zeugst, sollen dein sein und genannt werden nach dem Namen ihrer Brüder in deren Erbteil.

Und als ich aus Mesopotamien (das Zweistromland) kam, starb mir Rahel im Land Kanaan auf der Reise, als noch eine Strecke Weges war nach Efrata, und ich begrub sie dort an dem Wege nach Efrata, das nun Bethlehem heißt.

Efrata, das war der heidnische, der frühe Name für Bethlehem; das ist auch bei Micha nochmals bezeugt, Efrata, das dann Bethlehem genannt wird. Und dieser Weg, Rahel – David – Jesus – Bethlehem, ist sehr zentral hier. Tod und Leben, der Tod dieser Rahel, der Lieblingsfrau von Jakob, und das Leben in David, der Ehebruch und Mord begangen hat – der idealisierte David in den Chronikbüchern, ohne Ehebruch und Mord, als idealer König – und der endgültige Sohn Davids, ohne Ehebruch und Mord, auch nicht im Herzen, das ist Jesus Christus. Und dieser Ort Bethlehem ist ein Zeichen dafür, ein Zeuge dafür.

Und Israel sah die Söhne Josefs und sprach: Wer sind die? Josef antwortete seinem Vater: Es sind meine Söhne, die mir Gott hier gegeben hat. Er sprach: Bringe sie her zu mir, daß ich sie segne.

Jetzt kommt erst der Segen über Josef, Josefs Tun und Josefs Kinder.

Denn die Augen Israels waren schwach geworden vor Alter, und er konnte nicht mehr sehen.

Das ist auch ein Teil Vergeltung, denn er hat den Segen gestohlen von seinem blinden Vater Isaak. Dieser gestohlene Segen wird sich nicht wiederholen, aber er segnet jetzt, als er blind ist, wie Isaak das getan hat. Das ist ein Rückblick zu dem Anfang von Jakobs Wegen, wo er wirklich Jakob war, der Betrüger.

Denn die Augen Israels waren schwach geworden vor Alter, und er konnte nicht mehr sehen. Und Josef brachte sie zu ihm. Er aber küßte sie und herzte sie und sprach zu Josef: Siehe, ich habe dein Angesicht gesehen, was ich nicht gedacht hätte, und siehe, Gott hat mich auch deine Söhne sehen lassen.

Was für ein Sehen? Seine Augen sind sehr schwach, und er konnte nicht mehr sehen. Das bedeutet, er sieht sie im Geist, er spürt sie, fleischlich – wie bei diesem Schwur – wie beim Abendmahl, bis ins Leibliche hinein. Er hat sie im Geist gesehen.

So habe ich einen Blinden erlebt, der zu meiner Bibelstunde kam, von Merklingen über die Felder. Er sagte: »Herr Pfarrer, früher war ich sehend, aber meinen Herrn habe ich nicht angenommen. Jetzt bin ich blind geworden, aber ich bin dennoch sehend.«

So meine gute Großmutter Dina, die eine wichtige Rolle in meinem Leben spielte; obwohl sie nicht mehr hören konnte, wollte sie bei Tisch immer bei ihren Kindern sein. Sie hörte gar nichts, aber sie sagte: »Ich bin bei ihnen.« Und so war das bei Jakob, nicht sehend, aber trotzdem sehend.

Und Josef nahm sie von seinem Schoß und verneigte sich vor ihm zur Erde.

Josef verneigt sich jetzt vor dem Vater. Er stellt sich unter seinen Vater und auch unter den Segen, der von Gott kommt.

Dann nahm sie Josef beide, Ephraim an seine rechte Hand gegenüber Israels linker Hand und Manasse an seine linke Hand gegenüber Israels rechter Hand, und brachte sie zu ihm. Aber Israel streckte seine rechte Hand aus und legte sie auf Ephraims, des Jüngeren, Haupt ...

Und das ist eine so deutliche Erinnerung daran, wie Jakob seinen Segen von dem Vater gestohlen hat, er als der Jüngere. Genau das wiederholt sich hier. Er segnet den Jüngeren. Das bedeutet, der Herr, der Gott Israels, steht nicht unter dem Gesetz, sondern über dem Gesetz. Die ältesten Söhne sollen erben, sollen die wichtigen sein. Hier wird der Jüngere als erster gesegnet. Und das zieht sich ständig durch das Alte Testament. Es sind die jüngeren Kinder, die die besonderen sind, ob Josef, ob David oder Jakob – wir finden dies im ganzen Alten Testament.

... und seine linke auf Manasses Haupt und kreuzte seine Arme, obwohl Manasse der Erstgeborene war.

Er kreuzte seine Arme – sogar das Bild von einem Kreuz hier, der Weg zu dem endgültig Segnenden und Segen in Jesus Christus.

Und er segnete Josef und sprach: Der Gott, vor dem meine Väter Abraham und Isaak gewandelt sind, der Gott, der mein Hirte gewesen ist mein Leben lang bis auf diesen Tag, ...

Sehr interessanter Anfang! Die Kontinuität: Abraham, Isaak, Jakob – er wird zurückkehren, seine Gebeine werden in Kanaan bestattet, in Israel –; die Kontinuität in bezug auf den vierfachen

Segen Abrahams, jetzt vor allem der Landverheißung, und die Betonung auf Hirte, »der Herr ist mein Hirte« – wie David dann sagt, und wie Jesus sich als der gute Hirte bezeugt. So früh in der Bibel kommt gerade diese Aussage. Der Herr, der ihn geführt hat auf seinem Wanderweg, das Wandervolk Gottes, bis dann das Volk ins verheißene Land kommt und letztlich die Erfüllung der Schrift in Jesus Christus und seine Wiederkunft.

... der Engel, der mich erlöst hat von allem Übel, ...

Der Engel, der Vermittler, der ihn erlöst hat von allem Übel, von dem Übel der Möglichkeit, daß er sterben könnte in dem letzten tiefsten Leiden – was jetzt nicht passiert ist.

... der segne die Knaben, daß durch sie mein und meiner Väter Abraham und Isaak Name fortlebe, daß sie wachsen und viel werden auf Erden.

Hier geht es um großes Volk, daß sie viel werden auf Erden. Es geht um die Kontinuität über Abraham, das Fortleben des Namens – und der Name bedeutet das Wesen –, daß sie weiterleben, Jakob, Josef, Josefs Kinder Ephraim und Manasse.

Als aber Josef sah, daß sein Vater die rechte Hand auf Ephraims Haupt legte, mißfiel es ihm, und er faßte seines Vaters Hand, daß er sie von Ephraims Haupt auf Manasses Haupt wendete, ...

Josef merkte, daß das nicht in der richtigen Ordnung war. Das ist sehr interessant, nochmals dieses Thema: Wie Jakob als der Jüngere den Segen gestohlen hat, als der Vater blind war, und jetzt ist Jakob blind – da wird kein Segen gestohlen, aber er legt den Segen bewußt auf den Jüngeren (wie er der Jüngere war), gegen das Gesetz. Das ist ein durchgehendes Thema im Alten Testament, daß Gottes Wege, seine Führung, über dem Gesetz stehen.

Der Götze Islam ist ein total gesetzlicher Glaube, alles wird gesetzlich geregelt. Man soll das nicht denken über biblisches Judentum. Das Judentum ist immer mehr gesetzlich geworden in der Zeit von Paulus und kurz vor ihm, wegen dem Kampf unter den Juden zwischen Judenchristen und Juden, die nicht an Jesus glaubten. Die Juden, die an Jesus nicht glaubten, haben sich immer mehr verankert in dem Gesetz. Das ist aber nicht biblisch, aber durch gesetzestreue Juden hat der Herr mein Volk am Leben erhalten.

... und sprach zu ihm: Nicht so, mein Vater, dieser ist der Erstgeborene; lege deine rechte Hand auf sein Haupt. Aber sein Vater weigerte sich und sprach: Ich weiß wohl, mein Sohn, ich weiß wohl.

Die Wiederholung: »Ich weiß wohl, ich weiß wohl«; das ist auch eine Wiederholung des Geschehens, daß der Jüngere gesegnet wird, wie einst Jakob selbst.

Dieser soll auch ein Volk werden und wird groß sein, aber sein jüngerer Bruder wird größer als er werden, und sein Geschlecht wird eine Menge von Völkern werden.

Dazu sind verschiedene biblische Aussagen – 4. Mose 1,33.35 und 5. Mose 33,17 – zu beachten.

So segnete er sie an jenem Tage und sprach: Wer in Israel jemanden segnen will, der sage: Gott mache dich wie Ephraim und Manasse! Und so setzte er Ephraim vor Manasse.

Nochmals, eine Wiederholung.

Und Israel sprach zu Josef: Siehe, ich sterbe; aber Gott wird mit euch sein und wird euch zurückbringen in das Land eurer Väter.

Das ist die letzte zentrale Aussage hier: Das Volk kehrt zurück! Und so werden seine Gebeine vor ihnen zurückkehren, und so werden dann später Josefs Gebeine zurückkommen nach Kanaan.

Ich gebe dir ein Stück Land vor deinen Brüdern, das ich mit meinem Schwert und Bogen aus der Hand der Amoriter genommen habe.

Nochmals Israel, das Land.

Jakobs Segen über seine Söhne (1. Mose 49,8-12; 22-26)

Juda, du bist's! Dich werden deine Brüder preisen. Deine Hand wird deinen Feinden auf dem Nacken sein, vor dir werden deines Vaters Söhne sich verneigen.

Nochmals dieses Thema des Verneigens, hier wiederholt mit Juda. Juda wird der größte Stamm, aus ihm kommt Jesus Christus.

Juda ist ein junger Löwe.

»... der Löwe aus dem Stamm Juda.« (Offb. 5, 5)

Du bist hochgekommen, mein Sohn, vom Raube. Wie ein Löwe hat er sich hingestreckt und wie eine Löwin sich gelagert. Wer will ihn aufstören?

Und dann die messianische Aussage:

Es wird das Zepter von Juda nicht weichen noch der Stab des Herrschers von seinen Füßen, bis daß der Held komme, und ihm werden die Völker anhangen.

Er wird ein Held für die Völker. Hier wissen wir nicht nur, daß durch Israel (nach Abraham) alle Völker auf Erden gesegnet werden, sondern es geht einen Schritt weiter. Er wird aus dem größten Stamm, aus Juda, kommen. Und Juda ist hier in dem Josefsgeschehen zentral, wie ich ständig betont habe. Juda hat gelernt aus seinen Fehlern. Er hat Josef verkauft, weil er Geld dafür bekommen wollte; und dann steht er in der gleichen Situation ein für Benjamin, als Wiedergutmachung für die Sünden, die begangen wurden. Und so steht Jesus, der vom Hause und Geschlecht Juda kommt, ein für unsere Sünden, und zwar für die ganze Welt.

Er wird seinen Esel an den Weinstock binden und seiner Eselin Füllen an die edle Rebe.

Diese zweifache Betonung Eselin – Eselfüllen, wie Jesus (auch Sacharja 9,9) mit den zwei Eseln, wovon einer noch nie geritten wurde, als er an Palmsonntag als König der Juden einzog nach Jerusalem. Diese Doppelung, zwei Esel, ist eine besondere Betonung; und einer, der noch nie geritten wurde, das bedeutet ein einmaliges Königtum.

Er wird sein Kleid in Wein waschen ...

»... sein Kleid in Wein waschen«, das ist eine Vordeutung auf Jesu Kreuzesblut und geht zurück zu Josefs Kleid, der angeblich zerrissen war von wilden Tieren. Das war natürlich eine Lüge, aber das hat sein Vater lange geglaubt. Dieses Kleid ist das Kleid der Erwählung, und dieses Blut Jesu ist Erlösungsblut.

... und seinen Mantel in Traubenblut. Seine Augen sind dunkel von Wein und seine Zähne weiß von Milch.

Josef wird wachsen, er wird wachsen wie ein Baum an der Quelle, daß die Zweige emporsteigen über die Mauer.

»... emporsteigen über die Mauer« – die Größe Josefs, seine Wichtigkeit, daß es keine Grenze geben wird. Und das Thema »Mauer« verbinden wir mit »Jericho« –, das ist ein Zukunftsthema.

Und wiewohl ihn die Schützen erzürnen und gegen ihn kämpfen und ihn verfolgen, so bleibt doch sein Bogen fest und seine Arme und Hände stark durch die Hände des Mächtigen in Ja-kob, ...

Arme und Hände, ausgebreitete Arme und Hände, das hat auch mit Segen zu tun, nicht nur mit Kampf.

... durch ihn, den Hirten und Fels Israels.

Hirte und Fels Israels – zwei Bezeichnungen Gottes: Er ist der gute Hirte, er ist der Fels Israels. Dieses Thema »Gott ist ein ewiger Fels« ist bedeutsam in der Malerei von Caspar David Friedrich, auf seinen Felsbildern.

Von deines Vaters Gott werde dir geholfen, und von dem Allmächtigen seist du gesegnet mit Segen oben vom Himmel herab, mit Segen von der Flut, die drunten liegt, mit Segen der Brüste und des Mutterleibes.

Das ist ein Segen, der umfassend ist: Himmel und Erde, Segen der Brüste und des Mutterleibes. Er denkt an seine Lieblingsfrau, an Rahel. Nur Josef und Benjamin stammen von ihr ab.

Die Segnungen deines Vaters waren stärker als die Segnungen der ewigen Berge, die köstlichen Güter der ewigen Hügel. Mögen sie kommen auf das Haupt Josefs und auf den Scheitel des Geweihten unter seinen Brüdern!

Jakobs Tod (siehe 1. Mose 49,29-33)

Jetzt wird Jakob sterben. Und er wird dann beerdigt, wie er es wollte, in Machpela, östlich von Mamre, im Lande Kanaan, wo schon die anderen Erzväter begraben sind, auf diesem Landstück, das Abraham kaufte.

Da haben sie Abraham begraben und Sara, seine Frau. Da haben sie auch Isaak begraben und Rebekka, seine Frau. Da habe ich auch Lea begraben, ...

Er wird mit Lea begraben, interessant, im Tod; Rahel bleibt woanders, auf dem Weg nach Bethlehem. Wir haben gesprochen über die messianische, gesamtbiblische Bedeutung von Bethlehem.

Jakobs Bestattung (1. Mose 50,1-14)

Da warf sich Josef über seines Vaters Angesicht und weinte über ihn und küßte ihn.

Er beweint seinen Vater. Wie lange hat sein Vater ihn beweint, als er dachte, daß Josef tot wäre.

Und Josef befahl seinen Dienern, den Ärzten, daß sie seinen Vater zum Begräbnis salbten. Und die Ärzte salbten Israel, bis vierzig Tage um waren; denn so lange währen die Tage der Salbung. Und die Ägypter beweinten ihn siebzig Tage.

Sogar die Ägypter beweinten ihn! Und so wird das Weinen Israels sein über den, den sie durchbohrt haben, wenn sie Jesus erkennen, wenn Jesus wiederkommt, Israel zu erretten. Und hier sind es die Heiden, die weinen über den Namensträger Israel, dieses Volk, welches die Erlösung auch für Ägypten bringen wird.

Als nun die Trauertage vorüber waren, redete Josef mit den Leuten des Pharao und sprach: Hab ich Gnade vor euch gefunden, so redet mit dem Pharao und sprecht: Mein Vater hat einen Eid von mir genommen und gesagt: Siehe, ich sterbe; begrabe mich in meinem Grabe, das ich mir im Lande Kanaan gegraben habe. So will ich nun hinaufziehen und meinen Vater begraben und wiederkommen.

Immer diese Betonung auf das Land Israel, das zieht sich durch das ganze Alte Testament und durch die ganze Geschichte meines Volkes, bis in den Tod hinein – und manchmal nur im Tod!

Der Pharao sprach: Zieh hinauf und begrabe deinen Vater, wie du ihm geschworen hast. Da zog Josef hinauf, seinen Vater zu begraben. Und es zogen mit ihm alle Großen des Pharao, die Ältesten seines Hauses und alle Ältesten des Landes Ägypten, ...

Ja, der ganze Geleitzug aus diesem großen Heidenland hier ist eine Vordeutung des großen Segens, der von Israel kommen wird: Jesus Christus, der von ihm abstammt, als Angebot des Segens für alle Völker.

... dazu das ganze Haus Josefs und seine Brüder und die vom Hause seines Vaters. Allein ihre Kinder, Schafe und Rinder ließen sie im Lande Goschen. Und es zogen auch mit ihm hinauf Wagen und Gespanne, und es war ein sehr großes Heer. Als sie nun nach Goren-Atad kamen, das jenseits des Jordans liegt, da hielten sie eine sehr große und feierliche Klage.

Die Israeliten warten bis sie im Land sind, und jetzt halten sie die große Klage. Wie Jakob in diesem Kampf vor dem Jabbok mit Gott kämpfte, bis das Land übernommen wurde. So eine zentrale Rolle spielt das Land, die Überquerung des Jordan, die Wunder, die da passiert sind – wie z. B. Naaman, der siebenmal im Jordan untertauchte und vom Aussatz rein wurde.

Und Josef hielt Totenklage über seinen Vater sieben Tage.

Das hat natürlich zu tun mit der Schöpfungszahl. So hält man heute unter Juden Schiwa über den Toten. In dieser Zeit sitzt man meistens zu Hause, empfängt Gäste, und das Gespräch geht vor allem um die Verstorbenen und um die Beziehung, die man zu diesem Verstorbenen hatte. Das ist eine Art zu verarbeiten – wie das psychologisch gesagt wird –, daß man sich bewußt wird über den Toten, daß die Erinnerung an ihn bleibt – *aber,* daß man auch lernt, sich von ihm zu trennen. Die Toten gehören uns nicht mehr. Wir haben keinen Kontakt mehr mit den Toten, Spiritismus ist verboten in Israel.

Und als die Leute im Lande, die Kanaaniter, die Klage bei Goren-Atad sahen, sprachen sie: Die Ägypter halten da große Klage. Daher nennt man den Ort »Der Ägypter Klage«; er liegt jenseits des Jordans. Und seine Söhne taten, wie er ihnen befohlen hatte, und brachten ihn ins Land Kanaan und begruben ihn in der Höhle auf dem Felde von Machpela, die Abraham gekauft hatte mit dem Acker zum Erbbegräbnis von Efron, dem Hetiter, gegenüber Mamre.

Immer wieder diese Betonung! Und das ist natürlich die Stadt Hebron heute. So zentral ist das, die zweitheiligste Stadt Israels, die Stadt, wo die Erzväter begraben sind, die Stadt Kalebs und die Stadt, wo David sieben Jahre regierte, bis Jerusalem dann seine Privatstadt wurde.

Als sie ihn nun begraben hatten, zog Josef wieder nach Ägypten mit seinen Brüdern und mit allen, die mit ihm hinaufgezogen waren, seinen Vater zu begraben.

Josef gehört nach Ägypten; deswegen gilt er nicht als einer der Erzväter. Die Wiederholung dieses vierfachen Segens ist nicht in bezug auf Josef gemacht worden. Er starb im Ausland. Man kann sagen, Josef steht hier als eine Wegweisung zu dem Messias, der seinen Weg in der Mission zum ganzen Ausland, in Jesus Christus, finden wird. So sieht der Talmud Josef sogar als eine zentrale Vordeutung des Messias.

Josefs Edelmut und sein Tod (1. Mose 50,15-26)

Die Brüder Josefs aber fürchteten sich, als ihr Vater gestorben war, und sprachen: Josef könnte uns gram sein und uns die Bosheit vergelten, die wir an ihm getan haben.

»Zanket nicht auf dem Wege«, hat Josef seinen Brüdern vorher gesagt. Er weiß, wie seine Brüder sind, und wie diese Gedanken immer wieder zurückkommen. Diese Brüder haben mit Recht Angst vor Josef, und sie haben gedacht: Vielleicht tut er uns nichts, wegen unseres Vaters. Aber jetzt ist der Vater nicht mehr da, jetzt wissen sie nicht, was mit ihnen passieren wird.

Darum ließen sie ihm sagen: Dein Vater befahl vor seinem Tode und sprach: So sollt ihr zu Josef sagen: Vergib doch deinen Brüdern die Missetat und ihre Sünde, daß sie so übel an dir getan haben. Nun vergib doch diese Missetat uns, den Dienern des Gottes deines Vaters! Aber Josef weinte, als sie solches zu ihm sagten.

Wir wissen nicht, ob das wahrhaftig ist, ob der Vater gesagt hat, was sie sagen, oder ob sie das sagen als eine Art von Lüge, wie die Juden gesagt haben in bezug auf die Auferstehung Jesu. Das wissen wir nicht, es scheint so zu sein. Warum weinte Josef? Weint er, weil er merkt, daß seine Brüder nochmals sündhaft handeln, daß sie ihm mißtrauen? Wahrscheinlich weint Josef, weil er weiß, daß die wirkliche Vergebung von Gott kommt. Das waren seine heilsgeschichtlichen Wege, sein Volk am Leben zu erhalten, weil dieses Volk den Segen der ganzen Welt tragen wird, und das ist Jesus Christus.

Und seine Brüder gingen hin und fielen vor ihm nieder und sprachen: Siehe, wir sind deine Knechte.

Nochmals – A und O – so fing die Geschichte an, mit den Träumen von Josefs Herrschaft über seine Brüder, und so wird sie enden.

Josef aber sprach zu ihnen: Fürchtet euch nicht! Stehe ich denn an Gottes Statt?

Wie Paulus, als er als eine Art von Gott angebetet wird.

Ihr gedachtet es böse mit mir zu machen, aber Gott gedachte es gut zu machen, ...

Das ist der zentrale Aspekt dieser ganzen Geschichte. Menschen gehen ihre Wege, aber Gott bringt *seinen* Weg ans Ziel. Und dieser Weg geht öfters durch Not und Leiden. Diese Wahrheit ist dann zutiefst beinhaltet in Jesu Kreuzesweg, wo der wahre Weg zum Heil, zur Sündenvergebung als Angebot für alle Völker, durch schreckliches Leiden ging. Das wird alles hier vorgedeutet.

Je tiefer wir uns in die Wahrheit des Alten Testaments hineinleben, je näher kommen wir zu Jesus Christus, zu seiner Person, zu seinen Wegen, zu seinen Taten. Er ist der König der Juden. Er ist die Erfüllung des Alten Testaments. Und wer sagt, »Ich bin neutestamentlicher Christ!«, weiß wirklich sehr wenig von Jesus Christus, denn das Neue Testament kann nur verstanden werden durch das Alte.

Gottes Verheißungen gehen weiter!

So fürchtet euch nun nicht; ...

Das ist eine Aussage, die normalerweise kommt, wenn der Engel oder Gott selbst, der Gottesengel, Menschen begegnen. Josef hat hier diese Art von Macht über sie; und in dieser gleichen Linie steht Jesus Christus, der Vollmacht hat über uns. Aber wir sollen uns nicht fürchten! Sein Weg ist ein Weg des Heils für uns – aus Liebe; und aus Liebe erduldete er alle Vergeltung für unsere Schuld und Sünde auf seinem Leidensweg, bis er auch den Tod besiegte.

... ich will euch und eure Kinder versorgen. Und er tröstete sie und redete freundlich mit ihnen. So wohnte Josef in Ägypten mit seines Vaters Hause und lebte hundertundzehn Jahre, und sah Ephraims Kinder bis ins dritte Glied. Auch die Söhne von Machir, Manasses Sohn, wurden dem Hause Josefs zugerechnet. Und Josef sprach zu seinen Brüdern: Ich sterbe; aber Gott wird euch gnädig heimsuchen und aus diesem Lande führen ...

»Heimsuchen« – dieses Wort hat verschiedene Bedeutung, aber auch heim-suchen, den Weg nach Hause bringen.

... in das Land, das er Abraham, Isaak und Jakob zu geben geschworen hat.

Die Kontinuität: Wir kehren zurück. Und so ist Israel am Ende der Tage zurückgekehrt. Das ist ein Zeichen für die Völker, die gegen dieses Volk stehen.

Darum nahm er einen Eid von den Söhnen Israels und sprach: Wenn euch Gott heimsuchen wird, so nehmt meine Gebeine mit von hier.

Nochmals Kontinuität, Fortsetzung! Genau das war der letzte Wunsch seines Vaters. Das bedeutet, die ganze Zielsetzung ist dieses Land Israel. Warum? Weil da der Messias kommen wird, Jesus, dieses Volk zu retten. Natürlich, zu Josefs und Jakobs Zeit war es die Landesverheißung, und dann die Wegweisung zu dem, der zuerst gekommen ist, Jesus von Nazareth, der dann als Heiden-Heiland (Ägypten – denken wir an diese Geschichte, die Rolle Ägyptens hier) den Weg in die ganze Welt eröffnen wird, wie das im Alten Testament mehrmals vorausgesagt wird.

Und Josef starb, als er hundertundzehn Jahre alt war. Und sie salbten ihn und legten ihn in einen Sarg in Ägypten.

Josef starb – doch Jesus lebt! Welch ein Trost in allem Leiden des Volkes Gottes heute.

Weitere Titel von David Jaffin

Der einmalige Samuel
96 Seiten, Bestell-Nr. 458 218

Samuel ist eine einmalige Gestalt im Alten Testament. Er war zugleich Priester, Richter und Prophet. Vor der Geburt Samuels steckte Israel in einer allumfassenden Krise: Für das Priester- und Richteramt gab es keine Nachfolger. Das Volk Israel wollte – wie die Heiden – einen König. Diese Krise gipfelt in der persönlichen Not Hannas, die kinderlos war. Der Herr hat alle diese Krisen gelöst, mit dem einmaligen Samuel als seinem Werkzeug.
Die Geschichte von Samuel zeigt, daß auch für uns Trost bereit ist, wenn wir in Krisen geraten.

Humor in der Bibel
80 Seiten, Bestell-Nr. 458 208

»Humor in der Bibel« – gibt es das? Lassen Sie sich selbst überzeugen. Ein Thema, das so gut wie nie bearbeitet wurde – um so mehr lohnt es sich, dieses Buch zu lesen.

Höre, o Israel, der Herr ist unser Gott
128 Seiten, Bestell-Nr. 58 197

Jesus nimmt beständig Bezug auf die Thora, auf Mose. Deswegen sind diese alttestamentlichen Texte nicht nur von zentraler Bedeutung für Juden, sondern selbstverständlich auch für uns Christen. Jesu Bibel war das AT. Hier sehen wir in der Tiefe Jesu Selbstverständnis.

Israel, der Gottesstreiter
112 Seiten, Bestell-Nr. 458 186

Jakob bekam seinen Segen durch Betrug und von seinem blinden Vater. Jetzt muß er aber mit dem allmächtigen Gott kämpfen, um diesen Segen von der wahren Quelle zu bekommen. Was bedeutet dieser Kampf für Jakob selbst, der jetzt Israel heißen wird, und auch für die Geschichte des Gottesvolkes mit ihrem Herrn?

Schweigt Gott zum Bösen?
128 Seiten, Bestell-Nr. 458 140

Ein altes, aber immer wieder aufwühlendes Thema – diesmal von einem Autor bearbeitet, der aus einem Volk stammt, das aufgrund seiner Geschichte besonders von dieser Frage betroffen ist. Um so spannender, welche Auflösung der Autor anbietet.

Die Propheten – unsere Zeitgenossen
180 Seiten, Bestell-Nr. 458 116

Kleine Propheten sind sie genannt. Wenig sind sie. Habakuk, Zephanja, Maleachi. Aber diese Propheten sind in jedem Sinn des Wortes unsere Zeitgenossen. Sie sprechen unsere Probleme und unsere Zeit direkt an.

Der kleine Prophet im großen Wal
120 Seiten, Bestell-Nr. 458 092

Kann ein Mensch wirklich im Walfisch leben? Kann ein Mensch vor dem Herrn weglaufen? Der Herr will uns an sein Ziel bringen, wie damals Jona, den kleinen Propheten im großen Wal.
Der wichtige und trotzdem wenig bekannte Prophet wird vollständig behandelt. Ebenso wird der Prophet Micha ausgelegt. Dieses Buch ist auch ein gutes Nachschlagewerk für alle, die diesen interessanten, aber weniger beachteten Teil der Bibel entdecken wollen.

Bitte fragen Sie in Ihrer Buchhandlung nach diesen Büchern